Dr. Oetker

heute mal sanft garen!

Dr. Oetker

heute mal sanft garen!

Dr. Oetker Verlag

Einfach mal beim Kochen tiefen-entspannt sein!

Mit unseren Ideen für sanftes Garen bei 95 Grad sind garantiert nicht nur Sie, sondern auch das Fleisch entspannt. Es kommt richtig saftig aus dem Ofen und muss nicht mehr ruhen. Ob Sie Geflügel, Schwein, Rind, Wild oder Lamm langsam immer zarter und aromatischer werden lassen – alle Gerichte in diesem Buch sind so gut vorzubereiten, dass genug Zeit bleibt für eine fantasievolle Tischdekoration, ein perfektes Styling und vielleicht schon einen kleinen Aperitif ...

200
250
150
300
100
50
Backtemperatur
Brattemperatur
GEFU
OFEN
THERMOMETER

Einfach alles im Blick...

● = international ● = raffiniert ● = familientauglich ● = leicht ● = festlich ● = etwas teurer

Geflügel

Brathähnchen
Seite 10 | familientauglich, leicht

Hähnchenbrust mit Chili und Honig
Seite 12 | international, raffiniert

Putenbrust unter der Kartoffelhaube
Seite 14 | raffiniert, familientauglich, festlich

Putenkeule
Seite 16 | raffiniert, festlich

Marsalahuhn mit Reis
Seite 18 | international, leicht

Hähnchenfilets in Pilz-Marsala-Sauce
Seite 20 | raffiniert, festlich

Putenbrust mit Frühlingsgemüse
Seite 22 | familientauglich, festlich

Perlhuhnröllchen mit glasierten Kartoffeln
Seite 24 | raffiniert, etwas teurer

Schichtbraten „Asia-Style“
Seite 26 | international, raffiniert, festlich

Truthahnkeule in Altbiersauce
Seite 28 | raffiniert, leicht, festlich

Pute, gefüllt
Seite 30 | international, familientauglich, festlich, etwas teurer

Entenkeulen mit Ingwer-Möhren
Seite 32 | international, raffiniert

Straußenfilet in Wacholdersahne
Seite 34 | raffiniert, festlich, etwas teurer

Zigeunerhuhn mit Paprika
Seite 36 | international, raffiniert, familientauglich

Straußensteaks mit Pfeffersauce und Polenta
Seite 38 | international, festlich, etwas teurer

Rind & Schwein

Kalbshaxe in Rotwein-Zwiebel-Sauce
Seite 42 | raffiniert, festlich, etwas teurer

Kräuterfilet, mit Frischkäse gefüllt
Seite 44 | raffiniert, familientauglich, leicht, festlich

Reindlbraten mal anders
Seite 46 | raffiniert, familientauglich, festlich

Rinderbeinscheiben in Wermut
Seite 48 | raffiniert, leicht

Rinderschichtbraten
Seite 50 | raffiniert, festlich, etwas teurer

Schweinefilet, mit Sojasauce mariniert
Seite 52 | international, familientauglich, leicht

Gefüllter Nackenbraten
Seite 54 | raffiniert, leicht

Koteletts aus dem Backofen
Seite 56 | familientauglich, leicht

Krustenschichtbraten
Seite 58 | familientauglich, festlich

Roastbeef in Malzbier
Seite 60 | international, familientauglich, etwas teurer

Schweinshaxen in Biersauce
Seite 62 | raffiniert, leicht

Hackbraten mit Schafskäse
Seite 64 | international, raffiniert

Weitere Rind & Schwein Rezepte

Osso Bucco
Seite 66

Bäckerbraten
Seite 68

Falsches Filet in dunkler Biersauce
Seite 70

Rindfleisch in Portwein
Seite 72

Roastbeef mit Kräuter-Senf-Kruste
Seite 74

Schweinebraten mit Kräuter-Senf-Hülle
Seite 76

Rollbraten mit Hackfüllung
Seite 78

Schweinebraten in Bier
Seite 80

Burgunderbraten
Seite 82

Schichtbraten vom Schweinerücken
Seite 84

Schweinefilet mit Kruste
Seite 86

Mariniertes Rindfleisch
Seite 88

Lamm & Wild

Hirsch-Schichtbraten
Seite 92

Hirschrückenfilet mit Nusskruste
Seite 94

Lammhackbraten auf dem Gemüsebett
Seite 96

Wildschweinkeule
Seite 98

Hasenfilets mit Mairübchengemüse
Seite 100

Mufflonkarree mit Hagebuttensauce
Seite 102

Orientalische Lammkeulenscheiben
Seite 104

Rehkeulenbraten
Seite 106

Türkisches Würzfleisch
Seite 108

Schichtbraten „Marrakesch"
Seite 110

Lammschulter mit Bohnen-Oliven-Gemüse
Seite 112

Maibockrückenfilet unter einer Kräuterhaube
Seite 114

Wildschweinrollbraten
Seite 116

Wildschweinsteaks mit Bohnen-Pfifferlings-Gemüse
Seite 118

Wildschweinrücken mit Pastinakengemüse
Seite 120

Wildschweinschichtbraten
Seite 122

Geflügel

Das sind vielleicht tolle Kombinationen:
Huhn, Strauß, Ente, Pute, Truthahn, Perlhuhn oder Hähnchen mit Polenta, Chili, Altbier, Marsala, Frühlingsgemüse oder Schwarzwurzeln.

Mal scharf, mal deftig, mal klassisch, mal italienisch – und immer richtig köstlich!

Brathähnchen

4 Portionen | Pro Portion: E: **39** g, F: **25** g, Kh: **5** g, kJ: **1650**, kcal: **395**, BE: **0,5**

1 Zwiebel
2 Möhren
2 Tomaten

1 küchenfertiges Hähnchen (etwa 900 g)
Salz
gem. Pfeffer
Paprikapulver edelsüß

2–3 EL Speiseöl
125 ml Hühnerbrühe
2 Lorbeerblätter

evtl. etwas Hühnerbrühe

1 Zwiebel abziehen und fein würfeln. Möhren putzen, schälen, abspülen, abtropfen lassen und in Scheiben schneiden. Tomaten kreuzweise einschneiden und mit kochendem Wasser übergießen. Nach 1–2 Minuten herausnehmen und mit kaltem Wasser abschrecken. Tomaten häuten, halbieren und die Stängelansätze herausschneiden. Tomaten entkernen und vierteln.

2 Den Backofen bei Ober-/Unterhitze auf 95 °C vorheizen.

3 Das Hähnchen innen und außen kurz unter fließendem kalten Wasser abspülen, trocken tupfen, mit Salz, Pfeffer und Paprika einreiben.

4 Speiseöl in einem Bräter erhitzen. Das Hähnchen darin etwa 5 Minuten von allen Seiten goldbraun anbraten und herausnehmen. Das vorbereitete Gemüse in den Bräter geben und im verbliebenen Bratfett 2–3 Minuten andünsten. Dann Hühnerbrühe, Lorbeerblätter und das angebratene Hähnchen zum Gemüse in den Bräter geben.

5 Den Bräter auf dem Rost in den vorgeheizten Backofen (unteres Drittel) schieben. Das Hähnchen **etwa 2 ½ Stunden garen.**

6 Das gegarte Hähnchen aus dem Bräter nehmen und warm stellen. Oder den Backofengrill auf 240 °C vorheizen. Das Hähnchen auf eine hitzebeständige Platte legen, diese auf dem Rost unter den vorgeheizten Backofengrill schieben. Das Hähnchen 6–8 Minuten knusprig grillen, dabei das Hähnchen einmal wenden.

7 In der Zwischenzeit den Bratensud (evtl. mit etwas Hühnerbrühe verlängern) zum Kochen bringen, Lorbeerblätter entfernen. Die Sauce mit Salz, Pfeffer und Paprika abschmecken. Das Hähnchen mit einer Geflügelschere in Stücke teilen und mit der Sauce servieren.

Tipp: Sie können die Sauce mit dem Gemüse pürieren, das macht sie sämiger.

Lecker dazu:
Naturreis oder Pommes Frites und grüner Salat

Zubereitungszeit: **30 Minuten, ohne Marinierzeit** | Garzeit: etwa **45 Minuten**

Hähnchenbrust mit Chili und Honig

4 Portionen | Pro Portion: E: **35** g, F: **12** g, Kh: **16** g, kJ: **1309**, kcal: **313**, BE: **1,5**

Für die Marinade:
150 ml Geflügel- oder Gemüsebrühe
4 EL flüssiger Honig
je 1 rote und grüne Chilischote
1 Schalotte

4 Hähnchenbrustfilets (je 140–150 g)
gem. Pfeffer
Salz
40 g Butter
1 EL Speiseöl

Außerdem:
Chilifäden oder -flocken zum Garnieren

1 Für die Marinade Brühe und Honig in einem Topf unter Rühren leicht erwärmen und anschließend in eine flache Schale geben.

2 Chilischoten abspülen, trocken tupfen, längs halbieren, entstielen und entkernen. Schotenhälften in kleine Würfel schneiden. Schalotte abziehen, ebenfalls klein würfeln. Chili- und Schalottenwürfel unter die Honigbrühe rühren.

3 Die Hähnchenbrustfilets kurz unter fließendem kalten Wasser abspülen, trocken tupfen, mit Pfeffer würzen. Hähnchenbrustfilets in die Marinade legen, zugedeckt im Kühlschrank etwa 60 Minuten marinieren, dabei gelegentlich wenden.

4 Den Backofen bei Ober-/Unterhitze auf 95 °C vorheizen.

5 Die Hähnchenbrustfilets aus der Marinade nehmen, kurz abtropfen lassen und mit Salz würzen. Butter in einer hitzebeständigen Pfanne zerlassen. Speiseöl miterhitzen. Hähnchenbrustfilets darin von beiden Seiten anbraten. Die Pfanne auf dem Rost in den vorgeheizten Backofen (unteres Drittel) schieben. Hähnchenbrustfilets **etwa 45 Minuten garen.**

6 Die gegarten Hähnchenbrustfilets aus der Pfanne nehmen und warm stellen. Den Bratensatz mit der restlichen Marinade ablöschen, zum Kochen bringen und um die Hälfte einkochen.

7 Die Hähnchenbrustfilets auf einer vorgewärmten Platte anrichten und mit der Sauce übergießen. Mit Chilifäden oder -flocken garnieren.

Dazu schmecken:
in Butter geschwenkte kleine Kartoffeln und Zuckerschoten

Putenbrust unter der Kartoffelhaube

4 Portionen | Pro Portion: E: **56** g, F: **13** g, Kh: **17** g, kJ: **1844**, kcal: **441**, BE: **1,0**

350 g Kartoffeln
Salz
300 g kleine Schalotten
300 g Staudensellerie
400 g Cocktailtomaten

1 Putenbrustfilet (etwa 800 g)
gem. Pfeffer
3 EL Speiseöl
150 ml trockener Weißwein
250 ml Geflügelbrühe oder -fond

1 Ei (Größe M)
1 Eigelb (Größe M)
1 Eiweiß (Größe M)

1 Kartoffeln schälen, abspülen, abtropfen lassen und in Würfel schneiden. Die Kartoffelwürfel knapp mit Wasser bedeckt zugedeckt zum Kochen bringen. Salz hinzufügen. Die Kartoffeln in etwa 15 Minuten gar kochen.

2 In der Zwischenzeit die Schalotten abziehen und teilen. Sellerie putzen, dabei die zarten Sellerieblättchen abzupfen, abspülen, trocken tupfen, in feine Streifen schneiden und beiseitestellen. Selleriestangen abspülen, abtropfen lassen und in 2–3 cm lange Stücke schneiden. Tomaten abspülen, abtropfen lassen und evtl. die Stängelansätze herausschneiden.

3 Den Backofen bei Ober-/Unterhitze auf etwa 200 °C vorheizen.

4 Die Kartoffeln abgießen, grob zerdrücken, in eine Schüssel geben und abkühlen lassen.

5 Putenbrustfilet kurz unter fließendem kalten Wasser abspülen und trocken tupfen. Mit Salz und Pfeffer würzen. Speiseöl in einem Bräter erhitzen. Das Putenbrustfilet darin von beiden Seiten anbraten, herausnehmen und beiseitestellen.

6 Schalotten, Selleriestücke und Tomaten in den Bräter geben, im verbliebenen Bratfett 3–4 Minuten anbraten. Weißwein und Brühe oder Fond hinzugießen und aufkochen lassen. Den Bräter von der Kochstelle nehmen und das Fleisch auf das Gemüse legen.

7 Kartoffelmasse mit beiseitegelegten Sellerieblättchen, Ei und Eigelb verrühren, mit Salz und Pfeffer würzen. Das Eiweiß in einem tiefen Teller mit einer Gabel schaumig schlagen. Den Braten mit dem Eischaum bestreichen. Die Kartoffelmasse mithilfe der Gabel auf dem Fleisch verteilen und leicht andrücken. Die Oberfläche soll etwas uneben sein.

8 Den Bräter auf dem Rost in den vorgeheizten Backofen (unteres Drittel) schieben. Das Putenbrustfilet **etwa 30 Minuten goldbraun garen.**

9 Dann die Backofentemperatur auf Ober-/Unterhitze 95 °C reduzieren. Das Putenbrustfilet mit dem Gemüse in **etwa 2 Stunden fertig garen.**

10 Das gegarte Putenbrustfilet aus dem Bräter nehmen, in Scheiben schneiden und mit dem Gemüse servieren.

Tipp: Ersetzen Sie den Weißwein durch 140 ml Apfelsaft und 1 Esslöffel Zitronensaft.

Lecker dazu: Stampfkartoffeln mit Petersilie

Variante: Dieses Gericht kann auch mit 800 g Schweinebraten aus der Oberschale zubereitet werden. Dann beträgt die Garzeit etwa 3 ½ Stunden.

Putenkeule

4 Portionen | Pro Portion: E: **43** g, F: **13** g, Kh: **12** g, kJ: **1397**, kcal: **334**, BE: **1,0**

- 2 Knoblauchzehen
- 1 walnussgroßes Stück frischer Ingwer
- ½ TL grob geschroteter Chili
- 3 TL flüssiger Honig
- 1 Putenoberkeule ohne Knochen (etwa 800 g)
- Salz, gem. Pfeffer
- 2 Zwiebeln
- 2 Möhren
- 1 Stange Porree (Lauch)
- 2 EL Sonnenblumenöl
- 2 EL Tomatenmark
- 1 Pimentkorn
- 1 Lorbeerblatt
- 2 Gewürznelken
- 200 ml heiße Gemüse- oder Geflügelbrühe

Außerdem:
Küchengarn

1 Knoblauch abziehen, Ingwer schälen. Knoblauch und Ingwer in sehr kleine Würfel schneiden und in eine kleine Schüssel geben. Chili und Honig gut unterrühren.

2 Die Putenoberkeule kurz unter fließendem kalten Wasser abspülen, trocken tupfen, mit Salz und Pfeffer einreiben. Die Putenkeule von innen mit der Hälfte der Ingwer-Honig-Mischung bestreichen. Die Putenkeule mit Küchengarn zu einem Rollbraten zusammenbinden.

3 Den Backofen bei Ober-/Unterhitze auf 95 °C vorheizen.

4 Die Zwiebeln abziehen und in Spalten schneiden. Möhren putzen, schälen, abspülen, abtropfen lassen und in Scheiben schneiden. Porree putzen, die Stange längs halbieren, gründlich waschen, gut abtropfen lassen und in Streifen schneiden.

5 Das Sonnenblumenöl in einem Bräter erhitzen. Den Putenrollbraten darin von allen Seiten kräftig anbraten, herausnehmen und kurz beiseitelegen.

6 Zwiebelspalten, Möhrenscheiben und Porreestreifen in dem Bräter im verbliebenen Bratfett unter mehrmaligem Rühren andünsten, Tomatenmark unterrühren. Das Gemüse mit Salz, Pfeffer und Piment würzen, Lorbeerblatt und Gewürznelken hinzufügen. Heiße Brühe unterrühren. Den beiseitegelegten Putenrollbraten auf das angedünstete Gemüse legen.

7 Den Bräter auf dem Rost in den vorgeheizten Backofen (unteres Drittel) schieben. Den Putenrollbraten **3½–4 Stunden garen,** dabei den Braten 2–3-mal wenden.

8 Den Backofengrill auf etwa 240 °C vorheizen. Den gegarten Rollbraten aus dem Backofen nehmen, auf ein Backblech legen und mit der restlichen Ingwer-Honig-Mischung bestreichen. Das Backblech unter den vorgeheizten Backofengrill schieben. Den Putenrollbraten **4–5 Minuten von allen Seiten knusprig braun grillen.**

9 Das Küchengarn entfernen. Den Putenrollbraten in Scheiben schneiden und mit dem Gemüse anrichten.

Dazu schmecken: kleine Bouillonkartoffeln, ofenfrisches Baguette oder Reis

Marsalahuhn mit Reis

4 Portionen | Pro Portion: E: **57** g, F: **39** g, Kh: **61** g, kJ: **3457**, kcal: **827**, BE: **5,0**

- 1 küchenfertiges Huhn (etwa 1,2 kg)
- 1 Zwiebel
- 1 Knoblauchzehe
- 1 Bund glatte Petersilie
- 1 gestr. TL Salz
- ½ TL gem. Kümmelsamen
- 1 EL mittelscharfer Senf
- 2 TL Currypulver
- 3 EL Speiseöl
- 2 EL Marsala (ital. Dessertwein)

Für den Reis:
- 600 ml Wasser
- Salz
- 300 g Langkornreis
- 30 g Butter

1 Das Huhn innen und außen unter fließendem kalten Wasser abspülen, trocken tupfen und in Stücke schneiden. Zwiebel und Knoblauch abziehen, in kleine Würfel schneiden. Petersilie abspülen und trocken tupfen. Die Blättchen von den Stängeln zupfen, Blättchen klein schneiden.

2 Eine Marinade aus Salz, Kümmel, Senf, Curry und 2 Esslöffeln Speiseöl zubereiten. Die Hühnerteile damit bestreichen und zugedeckt im Kühlschrank etwa 1 Stunde marinieren.

3 Den Backofen bei Ober-/Unterhitze auf 95 °C vorheizen.

4 Das restliche Speiseöl in einer Pfanne erhitzen. Die marinierten Hühnerteile darin 5–6 Minuten leicht anbraten, aus der Pfanne nehmen und kurz beiseitestellen.

5 Dann die Zwiebel- und Knoblauchwürfel in der Pfanne im verbliebenen Bratfett andünsten, mit Marsala ablöschen, Petersilie unterrühren. Die beiseitegestellten Hühnerteile wieder mit in die Pfanne geben, warm stellen.

6 Für den Reis Wasser in einem hitzebeständigen Topf zugedeckt zum Kochen bringen. Dann Salz, Reis und Butter hinzugeben und aufkochen lassen. Den Topf mit dem Deckel verschließen.

7 Die Pfanne und den Reistopf auf dem Rost in den vorgeheizten Backofen (unteres Drittel) schieben. Die Hühnerteile zusammen mit dem Reis **etwa 90 Minuten garen.**

Lecker dazu:
Focaccia und Tomaten-Mozzarella-Salat

Tipp: Sie können den Marsala durch Trauben- oder Apfelsaft ersetzen. Wählen Sie zum Reiskochen einen Topf, der neben die Pfanne auf den Rost passt.

Hähnchenfilets in Pilz-Marsala-Sauce

4 Portionen | Pro Portion: E: **45** g, F: **20** g, Kh: **5** g, kJ: **1689**, kcal: **404**, BE: **0,5**

3 Zwiebeln
250 g Pfifferlinge
400 g braune Champignons
1 Bio-Zitrone (unbehandelt, ungewachst)

2 große doppelte Hähnchenbrustfilets, je etwa 325 g
Salz
gem. Pfeffer
2–3 EL Speiseöl
1 TL gerebelter Thymian

125 ml halbtrockener Marsala (ital. Dessertwein)
150 g Schlagsahne

evtl. einige Stängel Thymian

1 Die Zwiebeln abziehen und in Spalten schneiden. Pfifferlinge und Champignons putzen, evtl. kurz abspülen und gut abtropfen lassen. Große Pilze halbieren oder vierteln.

2 Den Backofen bei Ober-/Unterhitze auf 95 °C vorheizen.

3 Die Zitrone heiß abwaschen, abtrocknen, halbieren. 1 Hälfte so schälen, dass die weiße Haut mit entfernt wird. Zitronenhälfte in dünne Scheiben schneiden. Die zweite Zitronenhälfte ebenfalls in dünne Scheiben schneiden, beiseitestellen. Hähnchenbrustfilets kurz unter fließendem kalten Wasser abspülen, trocken tupfen, mit Salz und Pfeffer einreiben.

4 Speiseöl in einem Bräter erhitzen. Die Hähnchenbrustfilets darin 8–9 Minuten von allen Seiten gut anbraten. Die Zitronenscheiben in den Bräter geben und etwa 1 Minute mitbraten lassen. Dann die Hähnchenbrustfilets mit den Zitronenscheiben herausnehmen und beiseitestellen.

5 Die Zwiebelspalten zum verbliebenen Bratfett in den Bräter geben und anbraten, dann die Pilze hinzugeben, mit Thymian würzen. Die Pilze etwa 5 Minuten bei starker Hitze unter Wenden kräftig braten, mit Salz und Pfeffer würzen. Marsala hinzugießen und kurz aufkochen lassen. Sahne ebenfalls hinzugießen und die Sauce weitere 2–3 Minuten einkochen lassen.

6 Die beiseitegestellten Hähnchenbrustfilets und die Zitronenscheiben wieder in den Bräter geben. Den Bräter auf dem Rost in den vorgeheizten Backofen (unteres Drittel) schieben. Die Hähnchenfilets in Pilz-Marsala-Sauce **etwa 90 Minuten garen.**

7 Den Bräter aus dem Backofen nehmen. Die gegarten Hähnchenfilets in Pilz-Marsala-Sauce auf Tellern anrichten und nach Belieben mit abgespülten, trocken getupften Thymianstängeln und beiseitegestellten dünnen Zitronenscheiben garnieren.

Lecker dazu:
Bandnudeln

Tipp: Sie können den Marsala durch Trauben- oder Apfelsaft ersetzen.

Putenbrust mit Frühlingsgemüse

4 Portionen | Pro Portion: E: **60** g, F: **16** g, Kh: **27** g, kJ: **2050**, kcal: **490**, BE: **2,0**

125 g Weißbrot
80 ml Milch (3,5 % Fett)
800 g Putenbrustfilet
1 Ei (Größe M)
3–4 EL Hühnerbrühe
3–4 TL klein geschnittene Petersilie oder klein geschnittenen Kerbel
Salz
gem. Pfeffer
100 g geräucherter durchwachsener Speck
1–2 EL Sonnenblumenöl
100 ml heiße Hühnerbrühe
500 g Kohlrabi
500 g Möhren
Salzwasser

Außerdem:
Holzstäbchen oder Küchengarn

1 Den Backofen bei Ober/-Unterhitze auf 95 °C vorheizen.

2 Das Weißbrot in Würfel schneiden und in einen tiefen Teller geben. Milch erhitzen, auf den Brotwürfeln verteilen und etwas abkühlen lassen. Das Putenbrustfilet kurz unter fließendem kalten Wasser abspülen und trocken tupfen. In die Putenbrust mit einem scharfen Messer eine längliche Tasche einschneiden.

3 Ei, Hühnerbrühe und 1–2 Teelöffel der Kräuter mit den eingeweichten Brotwürfeln vermischen, mit Salz und Pfeffer kräftig würzen. Speck klein würfeln.

4 Das Putenbrustfilet mit der Brotmasse füllen. Die Tasche mit Holzstäbchen oder Küchengarn verschließen.

5 Die Putenbrust von außen mit Salz und Pfeffer würzen. Sonnenblumenöl in einem Bräter erhitzen. Die Putenbrust darin 3–4 Minuten von allen Seiten anbraten. Die Speckwürfel hinzugeben und 1 weitere Minute mitbraten lassen. Die heiße Hühnerbrühe hinzugießen. Den Bräter auf dem Rost in den vorgeheizten Backofen schieben. Die Putenbrust **etwa 60 Minuten garen.**

6 In der Zwischenzeit Kohlrabi und Möhren putzen, schälen, abspülen, abtropfen lassen und in Würfel schneiden. Kohlrabi- und Möhrenwürfel kurz in kochendem Salzwasser blanchieren, in ein Sieb geben, mit kaltem Wasser abschrecken und abtropfen lassen.

7 Nach etwa 60 Minuten Garzeit das Gemüse mit den restlichen Kräutern mischen und zu der Putenbrust in den Bräter geben. Die Putenbrust mit dem Gemüse **weitere etwa 60 Minuten garen.**

8 Die gegarte Putenbrust aus dem Bräter nehmen, Holzstäbchen oder Küchengarn entfernen. Das gegarte Gemüse mit Salz und Pfeffer abschmecken. Die Putenbrust in Scheiben schneiden und mit dem Frühlingsgemüse auf Tellern anrichten.

Dazu schmecken:
Salzkartoffeln

Perlhuhnröllchen mit glasierten Kartoffeln

4 Portionen | Pro Portion: E: **40** g, F: **29** g, Kh: **36** g, kJ: **2538**, kcal: **606**, BE: **3,0**

1 Stange Porree (Lauch)
2 Möhren
6 EL Speiseöl
1 EL Zuckerrübensirup
4 Perlhuhnbrustfilets (je etwa 150 g)
Salz, gem. Pfeffer
200 ml Gemüsebrühe

Für die Kartoffeln:
750 g Kartoffeln
3 EL Speiseöl
5 EL Schlagsahne
2 EL Sojasauce
2 EL Zuckerrübensirup

Außerdem:
Holzstäbchen

1 Den Backofen bei Ober-/Unterhitze auf 95 °C vorheizen.

2 Porree putzen, die Stange längs halbieren, gründlich waschen, abtropfen lassen und in ganz feine Streifen schneiden. Möhren putzen, schälen, abspülen, abtropfen lassen und ebenfalls in ganz feine Streifen schneiden.

3 Einen Esslöffel des Speiseöls in einer Pfanne erhitzen, Porree- und Möhrenstreifen darin knapp gar dünsten, Zuckerrübensirup unterrühren.

4 Perlhuhnbrustfilets kurz unter fließendem kalten Wasser abspülen, trocken tupfen und zwischen Frischhaltefolie oder im Gefrierbeutel leicht flach klopfen. Perlhuhnbrustfilets dünn mit 2 Esslöffeln des restlichen Speiseöls beträufeln, mit Salz und Pfeffer würzen.

5 Je 1 Esslöffel der Gemüsestreifen auf den Perlhuhnbrustfilets verteilen, von der schmalen Seite aus aufrollen und mit je 2 Holzstäbchen sorgfältig feststecken.

6 Restliches Speiseöl in einem Bräter erhitzen. Die Fleischröllchen darin von allen Seiten anbraten, Gemüsebrühe hinzugießen und zum Kochen bringen. Den Bräter auf dem Rost in den vorgeheizten Backofen (unteres Drittel) schieben. Die Fleischröllchen **etwa 55 Minuten garen.**

7 In der Zwischenzeit Kartoffeln schälen, abspülen, abtropfen lassen und mit einem Kugelausstecher kleine Kugeln ausstechen.

8 Speiseöl in einer hitzebeständigen Pfanne erhitzen, die Kartoffelkugeln darin unter ständigem Wenden etwa 15 Minuten braten.

9 Gegarte Perlhuhnröllchen aus der Pfanne nehmen und warm stellen. Die Backofentemperatur auf Ober-/Unterhitze etwa 180 °C einstellen.

10 Sahne unter den Bratenfond rühren, zum Kochen bringen und etwas einkochen lassen. Sauce mit Pfeffer und Sojasauce abschmecken.

11 Zuckerrübensirup auf den gebratenen Kartoffelkugeln verteilen, gut durchschütteln, damit alle Kartoffelkugeln mit Sirup überzogen sind. Die Pfanne auf dem Rost in den vorgeheizten Backofen schieben. Die Kartoffeln **etwa 3 Minuten karamellisieren.** Die Perlhuhnröllchen (Holzstäbchen entfernen) mit den glasierten Kartoffeln und der Sauce auf Tellern anrichten.

Tipp: Nach Belieben mit Schnittlauch, Cocktailtomatenhälften und Möhrenscheibchen garnieren.

Schichtbraten „Asia-Style“

4–6 Portionen | Pro Portion: E: **53** g, F: **11** g, Kh: **22** g, kJ: **1712**, kcal: **410**, BE: **1,5**

1 kg Putenbrust
2 EL Sesamöl
Salz
Pfeffer
1 TL Currypulver

Für die Füllung:
2 Knoblauchzehen
je 1 rote, grüne und gelbe Paprikaschote
1 rote Chilischote
200 g abgetropfte Mungobohnensprossen (aus dem Glas)
1 Mango
250 g Zwiebeln
50 g frischer Ingwer
2 EL Sesamöl
1 EL brauner Zucker
4 EL Sojasauce
4 EL Fischsauce (Asialaden)
100 ml Gemüse- oder Geflügelfond
2 TL (etwa 25 g) Wasabipaste

1 Für den Braten die Putenbrust unter fließendem kalten Wasser abspülen, trocken tupfen. Öl in einer Pfanne erhitzen. Die Putenbrust darin anbraten, mit Salz, Pfeffer und Currypulver würzen. Fleisch aus der Pfanne nehmen und beiseitestellen.

2 Für die Füllung Knoblauch abziehen und durch eine Knoblauchpresse drücken. Paprika halbieren, entstielen, entkernen und die weißen Scheidewände entfernen. Schoten abspülen, abtropfen lassen, halbieren und in Streifen schneiden. Chilischoten abspülen, abtropfen lassen und in Ringe schneiden. Mungobohnensprossen abspülen und abtropfen lassen. Die Mango schälen. Das Fruchtfleisch zunächst vom Stein, dann in Stücke schneiden. Zwiebeln abziehen und in feine Streifen schneiden. Ingwer schälen und fein reiben oder in kleine Würfel schneiden.

3 Öl in die Pfanne geben und erhitzen. Zwiebelstreifen, Knoblauch und Paprikastreifen hinzufügen und 4–5 Minuten darin andünsten. Dann Chili, Mungobohnensprossen, Mangostücke, Ingwer und Zucker hinzufügen und alle Zutaten weitere 3–4 Minuten dünsten. Sojasauce, Fischsauce und Gemüse- oder Geflügelfond hinzufügen. Vorsichtig umrühren, kurz aufkochen, dann bei schwacher Hitze 2–3 Minuten kochen lassen.

4 Den Backofen bei Ober-/Unterhitze auf 95 °C vorheizen.

5 In der Zwischenzeit die Putenbrust in Abständen von etwa 1 cm ein- aber nicht durchschneiden. An der unteren Seite sollte der Braten noch gut zusammenhalten (etwa 2 cm stehen lassen). Jeweils eine etwa erbsengroße Menge Wasabipaste in die Öffnungen drücken und mit einem Teelöffel verstreichen. Dann mit jeweils 1 Esslöffel vom vorbereiteten Gemüse füllen. Restliches Gemüse in eine flache Auflaufform geben. Den gefüllten Braten daraufsetzen.

6 Die Form auf dem Rost in den vorgeheizten Backofen schieben. Schichtbraten „Asia-Style“ **2½–3 Stunden garen.**

Lecker dazu:
Duft- oder Basmatireis

Tipp: Statt der Mango können Sie auch eine Papaya verwenden.

Truthahnkeule in Altbiersauce

4 Portionen | Pro Portion: E: **57** g, F: **15** g, Kh: **19** g, kJ: **1964**, kcal: **470**, BE: **1,5**

125 g Zwiebeln
100 g Möhren
100 g Knollensellerie

1 Truthahn- oder Putenoberkeule (mit Knochen, etwa 1,3 kg)
Salz
gem. Pfeffer
2 EL Olivenöl

1 EL Tomatenmark
250 ml Hühnerbrühe
330 ml Altbier
100 g getrocknete Aprikosen

1 Den Backofen bei Ober-/Unterhitze auf 95 °C vorheizen.

2 Zwiebeln abziehen. Möhren und Sellerie putzen, schälen, abspülen und abtropfen lassen. Zwiebeln, Möhren und den Sellerie in Würfel schneiden.

3 Truthahn- oder Putenoberkeule kurz unter fließendem kalten Wasser abspülen, trocken tupfen, mit Salz und Pfeffer einreiben.

4 Olivenöl in einem Bräter erhitzen. Die Truthahn- oder Putenoberkeule darin etwa 10 Minuten von allen Seiten gut anbraten. Vorbereitetes Gemüse mit Tomatenmark zum Fleisch in den Bräter geben und weitere etwa 5 Minuten mitbraten lassen. Dann Hühnerbrühe und Altbier hinzugießen.

5 Den Bräter auf dem Rost in den vorgeheizten Backofen (unteres Drittel) schieben. Die Truthahn- oder Putenkeule **etwa 4 ½ Stunden garen.**

6 Die gegarte Truthahn- oder Putenoberkeule aus dem Backofen nehmen und warm stellen.

7 Den Bratenfond mit dem Gemüse in einen hohen Topf geben und pürieren. Die Aprikosen in Streifen schneiden und in der Sauce kurz erhitzen. Die Sauce mit Salz und Pfeffer abschmecken.

8 Das Fleisch vom Knochen lösen, in Scheiben schneiden und mit der Sauce servieren.

Lecker dazu:
Petersilienkartoffeln

Tipp: Sie können das Altbier durch Apfelsaft ersetzen oder die Menge der Hühnerbrühe entsprechend erhöhen. Die Sauce bleibt dann etwas heller.

Zubereitungszeit: **60 Minuten, ohne Abkühlzeit** | Garzeit: etwa **5 Stunden**

Pute, gefüllt

8 Portionen | Pro Portion: E: **88** g, F: **48** g, Kh: **29** g, kJ: **3796**, kcal: **908**, BE: **2,5**

Für die Orangenpaste:
5 Bio-Orangen
(unbehandelt, ungewachst)
2 Lorbeerblätter
1 TL gem. Zimt
2 EL grobkörniges Meersalz
1 EL Olivenöl
250 g Möhren
200 g Knollensellerie
2 Zwiebeln
2 Knoblauchzehen

Für die Füllung:
2 Stangen Porree
(Lauch, etwa 230 g)
250 g Weißbrot, in Scheiben
100 g Butter
3 Eier (Größe M)
Salz
Cayennepfeffer

1 küchenfertige Pute (etwa 3,8 kg)
500 ml Gemüsebrühe
gem. Pfeffer

Außerdem:
Holzstäbchen, Küchengarn

1 Für die Orangenpaste die Orangen heiß abwaschen, abtrocknen und die Schale fein abreiben. Lorbeerblätter zerbröseln, mit Zimt, Orangenschale, Salz und Olivenöl zu einer Paste verarbeiten.

2 Möhren und Sellerie putzen, schälen, abspülen, abtropfen lassen und in Scheiben schneiden. Zwiebeln abziehen und in Würfel schneiden. Knoblauch abziehen und klein würfeln.

3 Für die Füllung Porree putzen, die Stangen längs halbieren, gründlich waschen, abtropfen lassen und in feine Streifen schneiden.

4 Die abgeriebenen Orangen so schälen, dass die weiße Haut mit entfernt wird. Die Filets herausschneiden, dabei den Saft auffangen und 200 ml für die Sauce abmessen (evtl. mit Wasser auffüllen). Weißbrotscheiben entrinden und in kleine Würfel schneiden.

5 80 g Butter in einer Pfanne zerlassen. Brotwürfel darin von allen Seiten goldbraun rösten, herausnehmen und abkühlen lassen. Restliche Butter in der Pfanne zerlassen. Die Porreestreifen darin bei schwacher Hitze andünsten, ebenfalls abkühlen lassen.

6 Eier mit Salz und Cayennepfeffer verschlagen. Orangenfilets, Porreestreifen und Brotwürfel untermischen.

7 Den Backofen bei Ober-/Unterhitze auf etwa 200 °C vorheizen.

8 Pute innen und außen unter fließendem kalten Wasser abspülen, trocken tupfen, innen und außen mit der Orangenpaste einreiben. Die Halsöffnung mit Holzstäbchen zusammenstecken. Die Pute mit der Porree-Brot-Orangen-Masse füllen, mit Holzstäbchen feststecken und mit Küchengarn verschnüren. Die Keulen zusammenbinden.

9 Die Pute in eine Fettpfanne legen. Möhren-, Selleriescheiben, Zwiebel- und Knoblauchwürfel um die Pute legen. Die Fettpfanne in den vorgeheizten Backofen (unteres Drittel) schieben. Die Pute **etwa 30 Minuten anbraten.** Die Gemüsebrühe aufkochen und hinzugießen. Den Backofen bei Ober-/Unterhitze auf 95 °C reduzieren. Die Pute **weitere etwa 4 ½ Stunden garen.**

10 Den Backofengrill auf etwa 240 °C vorheizen. Die Pute aus der Fettpfanne nehmen, auf eine Platte legen. Unter dem vorgeheizten Grill **5–10 Minuten von allen Seiten knusprig braun grillen.**

11 Für die Sauce das mitgegarte Gemüse mit dem Sud aus der Fettpfanne und dem abgemessenem Orangensaft in einen Topf geben. Aufkochen und pürieren. Mit Salz und Pfeffer abschmecken.

12 Die Pute tranchieren, mit der Füllung und Sauce servieren.

OSTFREI

Entenkeulen mit Ingwer-Möhren

4 Portionen | Pro Portion: E: **27** g, F: **47** g, Kh: **15** g, kJ: **2470**, kcal: **591**, BE: **1,0**

4 Entenkeulen mit Knochen, je etwa 200 g
Salz
gem. Pfeffer
2 EL Speiseöl
1 Apfel (etwa 200 g)
1 große Zwiebel (etwa 200 g)
400 ml Geflügelbrühe oder Entenfond

Für die Ingwer-Möhren:
400 g Möhren
40 g Butter
1 EL Olivenöl
etwas Zitronensaft
etwas frisch ger. Ingwer
evtl. etwas Brühe
evtl. 2–3 Stängel Zitronengras oder einige Stängel Zitronenmelisse

1 Den Backofen bei Ober-/Unterhitze auf 95 °C vorheizen.

2 Entenkeulen kurz unter fließendem kalten Wasser abspülen und trocken tupfen. Mit Salz und Pfeffer würzen. Speiseöl in einem Bräter erhitzen. Die Entenkeulen darin von allen Seiten kross anbraten.

3 Apfel abwaschen, abtrocknen, vierteln und das Kerngehäuse herausschneiden. Apfelviertel mit der Schale in grobe Würfel schneiden. Die Zwiebel abziehen und ebenfalls würfeln. Apfel- und Zwiebelwürfel zu den Entenkeulen in den Bräter geben und etwa 5 Minuten mit andünsten. Mit Brühe oder Fond ablöschen.

4 Den Bräter auf dem Rost in den vorgeheizten Backofen (unteres Drittel) schieben. Die Entenkeulen **etwa 4 Stunden garen.** Dabei sollten die Keulen mit der Hautseite nach oben liegen.

5 Für die Ingwer-Möhren Möhren putzen, schälen, abspülen, abtropfen lassen und in Scheiben schneiden oder hobeln. Möhrenscheiben in kochendem Salzwasser 2–3 Minuten blanchieren. Anschließend in ein Sieb geben, mit kaltem Wasser abschrecken und abtropfen lassen.

6 Butter in einer Pfanne zerlassen. Möhrenscheiben darin andünsten, mit Olivenöl, Zitronensaft, Ingwer, Salz und Pfeffer würzen.

7 Die gegarten Entenkeulen aus dem Bratensud nehmen und auf eine hitzebeständige Platte legen. Den Backofengrill auf etwa 240 °C vorheizen. Die Platte mit den Entenkeulen auf dem Rost unter den vorgeheizten Backofengrill schieben. Die Entenkeulen **3–4 Minuten von allen Seiten knusprig braun grillen.**

8 Den Bratensud pürieren oder durch ein Sieb streichen. Nach Belieben noch etwas Brühe hinzugeben. Die Sauce aufkochen lassen und mit den Gewürzen abschmecken.

9 Die Entenkeulen mit den Ingwer-Möhren auf einer Platte anrichten. Mit etwas Sauce umgießen. Nach Belieben Zitronengras oder Melisse abspülen, trocken tupfen und die Entenkeulen damit garnieren.

Dazu schmeckt: Duftreis

Tipp: Einen ausgeprägten Zitronengeschmack bekommen die Entenkeulen, wenn Sie einen Stängel Zitronengras abspülen, trocken tupfen, mit einem Messerrücken etwas platt klopfen und in der Sauce mitgaren lassen. Zitronengrasstängel dann vor dem Servieren entfernen.

Straußenfilet in Wacholdersahne mit Schwarzwurzelgemüse

5–6 Portionen | Pro Portion: E: **65** g, F: **23** g, Kh: **7** g, kJ: **2115**, kcal: **540**, BE: **0,5**

1 ¼ kg Straußenfilet
125 g Zwiebeln
1 TL Wacholderbeeren
1 TL Pimentkörner
2 EL Speiseöl
Salz, gem. Pfeffer
1 EL Tomatenmark

1 Lorbeerblatt
250 ml Hühnerbrühe

1 ¼ kg Schwarzwurzeln
Essigwasser
(4 EL Essig auf 1 l Wasser)
125 g Schlagsahne

Saft von 1 Limette
1 EL Dijon-Senf
etwas ger. Muskatnuss
½ Bund Petersilie

100 g Schlagsahne
1–2 TL Weizenmehl

1 Den Backofen bei Ober-/Unterhitze auf 95 °C vorheizen. Straußenfilet kurz unter fließendem kalten Wasser abspülen und trocken tupfen. Die Zwiebeln abziehen und in kleine Würfel schneiden. Wacholderbeeren und Piment in einem Mörser fein zerstoßen oder zerdrücken.

2 Speiseöl in einem Bräter erhitzen. Das Straußenfilet mit Salz und Pfeffer würzen und in dem erhitzten Speiseöl etwa 10 Minuten von allen Seiten anbraten. Etwa zwei Drittel der Zwiebelwürfel mitbraten lassen, Tomatenmark unterrühren. Piment, Wacholderbeeren und Lorbeerblatt hinzufügen. Hühnerbrühe hinzugießen und aufkochen lassen.

3 Den Bräter auf dem Rost in den vorgeheizten Backofen (unteres Drittel) schieben. Das Straußenfilet **etwa 3 Stunden garen**, dabei 2–3-mal wenden.

4 Etwa 45 Minuten vor Ende der Garzeit das Schwarzwurzelgemüse zubereiten. Dafür die Schwarzwurzeln unter fließendem Wasser gründlich abbürsten, abtropfen lassen, schälen, nochmals abspülen und abtropfen lassen. Die Schwarzwurzeln kurz in Essigwasser legen, damit die Stangen weiß bleiben. Dann die Stangen abtropfen lassen und in etwa 3 cm lange Stücke schneiden.

5 Die Sahne mit den restlichen Zwiebelwürfeln, Limettensaft und Senf unter gelegentlichem Rühren zum Kochen bringen. Die Schwarzwurzelstücke hinzufügen und zugedeckt 12–15 Minuten bei schwacher Hitze dünsten. Das Schwarzwurzelgemüse mit Muskat abschmecken. Petersilie abspülen und trocken tupfen. Die Blättchen von den Stängeln zupfen. Blättchen klein schneiden und unter das Schwarzwurzelgemüse rühren.

6 Das Straußenfilet aus dem Bräter nehmen und warm stellen. Die Sauce durch ein Sieb in einen Topf gießen. Sahne in die Sauce rühren und kurz aufkochen lassen. Mehl mit etwas kaltem Wasser anrühren, in die Sauce rühren und unter Rühren aufkochen lassen. Die Sauce etwa 5 Minuten bei schwacher Hitze kochen lassen, dann mit Salz und Pfeffer abschmecken.

7 Das Straußenfilet in Scheiben schneiden, mit der Sauce und dem Schwarzwurzelgemüse servieren.

Lecker dazu:
Spätzle

Tipps: Das Straußenfilet mit rosa Pfefferbeeren, Wacholderbeeren und Lorbeerblättern garniert servieren. Bekommen Sie keine frischen Schwarzwurzeln, können Sie auch TK-Schwarzwurzeln verwenden.

Zigeunerhuhn mit Paprika

4 Portionen | Pro Portion: E: **65** g, F: **70** g, Kh: **16** g, kJ: **3982**, kcal: **952**, BE: **1,0**

- 1 küchenfertige Poularde (etwa 1 ½ kg)
- Salz
- gem. Pfeffer
- 1 geh. EL Paprikapulver edelsüß
- 150 g Zwiebeln
- 2 Knoblauchzehen
- je 2 große rote und gelbe Paprikaschoten
- je 2 Stängel Thymian und Rosmarin
- 3 EL Olivenöl
- 2 EL Pinienkerne
- 125 ml Gemüse- oder Geflügelfond
- 2 EL Rosinen

1 Die Poularde in 8 Stücke teilen (Brust und Keulen jeweils halbieren). Poulardenteile kurz unter fließendem kalten Wasser abspülen und trocken tupfen. Mit Salz, Pfeffer und Paprika würzen.

2 Zwiebeln und Knoblauch abziehen. Zwiebeln in grobe Würfel schneiden, Knoblauch durch eine Knoblauchpresse drücken. Paprikaschoten halbieren, entstielen, entkernen und die weißen Scheidewände entfernen. Schoten abspülen, trocken tupfen und in mundgerechte Stücke schneiden. Thymian und Rosmarin abspülen und trocken tupfen.

3 Den Backofen bei Ober-/Unterhitze auf 95 °C vorheizen.

4 Olivenöl in einem großen Bräter erhitzen. Die Poulardenteile darin 7–8 Minuten von allen Seiten gut anbraten, herausnehmen und kurz beiseitelegen.

5 Zwiebelwürfel, Knoblauch und Paprikastücke zum verbliebenen Bratfett in den Bräter geben und unter Rühren 3–4 Minuten anbraten, mit etwas Salz und Pfeffer würzen. Pinienkerne und Kräuterstängel hinzugeben und kurz mit andünsten, mit Gemüse- oder Geflügelbrühe ablöschen. Rosinen und die beiseitegelegten Poulardenteile zu dem Gemüse in den Bräter geben und aufkochen lassen.

6 Den Bräter auf dem Rost in den vorgeheizten Backofen (unteres Drittel) schieben. Das Zigeunerhuhn **etwa 100 Minuten garen.**

7 Das Zigeunerhuhn mit dem Gemüse (Kräuterstängel entfernen) auf einer vorgewärmten Platte anrichten und servieren.

Dazu schmeckt:
knuspriges Stangenweißbrot

Straußensteaks
mit Pfeffersauce und Polenta

4 Portionen | Pro Portion: E: **70** g, F: **56** g, Kh: **44** g, kJ: **4179**, kcal: **1026**, BE: **3,5**

4 Straußensteaks
(je etwa 180 g)
Salz, gem. Pfeffer
4 EL Olivenöl

Für die Pfeffersauce:
100 ml Madeira (Dessertwein)
200 g Schlagsahne
2 EL abgetropfte grüne
Pfefferkörner (in Lake)

Für die Polenta:
400 ml Milch (3,5 % Fett)
150 g Maisgrieß
2 Eigelb (Größe M)
80 g geraspelter Mozzarella
ger. Muskatnuss

1 kg Rosenkohl
500 ml Wasser, 1 gestr. TL Salz
20 g Butter

50 g Butter

1 Den Backofen bei Ober-/Unterhitze auf 95 °C vorheizen. Einen feuerfesten Teller auf einem Rost (mittlere Schiene) miterwärmen. Straußensteaks kurz unter fließendem kalten Wasser abspülen, trocken tupfen, mit Salz und Pfeffer würzen.

2 Olivenöl in einer Pfanne erhitzen. Die Steaks darin von jeder Seite etwa 3 Minuten anbraten und herausnehmen. Die Steaks auf dem vorgewärmten Teller auf dem Rost in den vorgeheizten Backofen schieben. Die Straußensteaks **20–30 Minuten garen.**

3 Für die Sauce Madeira, Sahne und Pfefferkörner in den Bratensatz rühren, unter Rühren zum Kochen bringen und etwas einkochen lassen.

4 Für die Polenta die Milch in einem Topf zum Kochen bringen. Grieß mit einem Schneebesen einrühren und unter Rühren etwa 1 Minute kochen lassen. Den Topf von der Kochstelle nehmen. Eigelb und Mozzarella unter die Grießmasse arbeiten, mit Salz und Muskat würzen.

5 Eine flache Auflaufform (etwa 15 x 20 cm) mit Frischhaltefolie auslegen. Die Grießmasse darin etwa 1 cm hoch verstreichen und etwa 5 Minuten abkühlen lassen.

6 Rosenkohl putzen, abspülen und abtropfen lassen. Wasser in einem Topf zum Kochen bringen. Dann Salz und Rosenkohl hinzufügen, wieder zum Kochen bringen. Rosenkohl etwa 6 Minuten garen. Anschließend in ein Sieb geben, mit kaltem Wasser abschrecken und abtropfen lassen, 20 g Butter unterrühren. Den Rosenkohl mit Muskat würzen und warm stellen.

7 Polenta in rautenförmige Stücke schneiden. 50 g Butter in einer Pfanne zerlassen. Polentastücke darin von jeder Seite kurz anbraten.

8 Pfeffersauce mit Salz und Pfeffer abschmecken. Gegarte Straußensteaks aus dem Backofen nehmen, mit Polenta, Rosenkohl und der Pfeffersauce auf vorgewärmten Tellern anrichten und servieren.

Tipp: Haben Sie keinen Maisgrieß zur Hand, können Sie ihn durch Hartweizengrieß ersetzen.

Rind & Schwein

Manchmal muss man's einfach ordentlich krachen lassen!
Mit einer Kalbshaxe in Rotwein-Zwiebel-Sauce, einem knusprigen Krustenschichtbraten oder einem Roastbeef in Kräuter-Senf-Kruste.

Ist gar nicht so schwer und schmeckt noch besser, als es sich anhört!

Kalbshaxe
in Rotwein-Zwiebel-Sauce

4 Portionen | Pro Portion: E: **80** g, F: **35** g, Kh: **14** g, kJ: **3190**, kcal: **761**, BE: **1,0**

- 1 Zwiebel
- 2 Möhren
- 150 g Knollensellerie
- 1 kleine Stange Porree (Lauch)
- je 3 Stängel Thymian und Rosmarin
- 2 Knoblauchzehen

- 1 große Kalbshaxe (etwa 2 ½ kg)
- Salz, gem. Pfeffer
- 40 g Butterschmalz
- 2 Lorbeerblätter
- 1 EL Pfefferkörner
- 2 EL Tomatenmark
- 250 ml Rotwein

- 500 ml Geflügelbrühe
- heißes Wasser

- 2 rote Zwiebeln
- 250 ml Rotwein
- 1 EL Zucker
- 30 g kalte Butter

1 Die Zwiebel abziehen. Möhren und Sellerie putzen, schälen, abspülen, abtropfen lassen. Porree putzen, die Stange längs halbieren, gründlich waschen und abtropfen lassen. Das vorbereitete Gemüse in Stücke schneiden. Thymian und Rosmarin abspülen und trocken tupfen. Knoblauch abziehen.

2 Die Kalbshaxe kurz unter fließendem kalten Wasser abspülen, trocken tupfen, mit Salz und Pfeffer einreiben. Butterschmalz in einem Bräter zerlassen. Haxe darin von allen Seiten anbraten und herausnehmen. Die Zwiebel-, Möhren- und Selleriestücke in den Bräter geben und in dem verbliebenen Bratfett unter mehrmaligem Rühren anbraten. Porreestücke hinzufügen und ebenfalls anbraten. Lorbeerblätter, Pfefferkörner, Tomatenmark, Kräuterstängel und Knoblauch zum angebratenen Gemüse geben, kurz mit anrösten.

3 Das Gemüse mit so viel Rotwein und Geflügelbrühe ablöschen, dass es etwa halbhoch in der Rotwein-Geflügel-Brühe liegt. Alles bei starker Hitze einkochen lassen, bis die Flüssigkeit verdampft ist.

4 Den Backofen bei Ober-/Unterhitze auf 95 °C vorheizen.

5 Gemüse ein zweites Mal kurz rösten. Wieder die gleiche Menge Rotwein und Geflügelbrühe hinzugießen und einkochen lassen. Das Gemüse nochmals anrösten. Restlichen Wein und restliche Geflügelbrühe hinzugeben und aufkochen lassen.

6 Die Kalbshaxe auf das Gemüse legen. So viel heißes Wasser hinzugießen, dass die Haxe zur Hälfte bedeckt ist. Den Bräter auf dem Rost in den vorgeheizten Backofen schieben. Die Kalbshaxe **etwa 5 ½ Stunden garen.**

7 Zwiebeln abziehen, fein würfeln, mit Rotwein, etwas Salz, Pfeffer und Zucker in einem Topf zum Kochen bringen und so lange kochen lassen, bis keine Flüssigkeit mehr vorhanden ist. Den Topf von der Kochstelle nehmen.

8 Die gegarte Kalbshaxe aus dem Bräter nehmen und zugedeckt warm stellen. Den Bratensud durch ein feines Sieb in einen Topf gießen. Den Sud um die Hälfte einkochen lassen. Die Rotweinzwiebeln zum Haxensud geben und aufkochen. Die Sauce mit Salz und Pfeffer abschmecken. Den Topf von der Kochstelle nehmen. Butter in kleinen Stücken in die Sauce rühren. Die Haxe mit der Sauce servieren.

Dazu schmecken:

Stampfkartoffeln oder Serviettenknödel und in Butter gebratenes Zucchini-Möhren-Gemüse.

Kräuterfilet, mit Frischkäse gefüllt

4–6 Portionen | Pro Portion: E: **39** g, F: **14** g, Kh: **2** g, kJ: **1204**, kcal: **288**, BE: **0,0**

2 Schweinefilets (je etwa 400 g)

Für die Füllung:
4 Schalotten
je ½ Bund Petersilie, Estragon und Schnittlauch
150 g Kräuter-Frischkäse
2 EL Kräutersenf

Salz
gem. Pfeffer
3 EL Olivenöl

Außerdem:
Holzstäbchen oder Küchengarn

1 Den Backofen bei Ober-/Unterhitze auf 95 °C vorheizen.

2 Die Schweinefilets mit Küchenpapier trocken tupfen. In jedes Filet längs eine Tasche einschneiden, sodass die Filets auseinandergedrückt werden können.

3 Für die Füllung Schalotten abziehen und in kleine Würfel schneiden. Kräuter abspülen und trocken tupfen. Die Blättchen von den Stängeln zupfen, Blättchen klein schneiden. Schnittlauch in Röllchen schneiden.

4 Frischkäse mit Senf verrühren, Schalottenwürfel und Kräuter unterrühren. Die Frischkäsemasse mit Salz und Pfeffer würzen. Die Filets auseinanderdrücken und mit der Frischkäsemasse füllen. Die gefüllten Kräuterfilets mit Holzstäbchen feststecken oder mit Küchengarn zusammenbinden.

5 Olivenöl in einer hitzebeständigen Pfanne erhitzen. Die gefüllten Filets darin von allen Seiten anbraten. Dann die Pfanne auf dem Rost in den vorgeheizten Backofen schieben. Die Kräuterfilets **etwa 90 Minuten garen.**

6 Die gegarten Kräuterfilets aus dem Backofen nehmen. Holzstäbchen oder Küchengarn entfernen. Kräuterfilets in Scheiben schneiden und anrichten.

Lecker dazu:
Reis und mediterranes Gemüse, z. B. gebratener Fenchel.

Reindlbraten mal anders

4–6 Portionen | Pro Portion: E: **32** g, F: **28** g, Kh: **10** g, kJ: **1742**, kcal: **415**, BE: **0,5**

Für den Braten:
800 g Schweinenacken (ohne Knochen)
2 EL Speiseöl

Für die Füllung:
1 Zwiebel
1 Fenchelknolle (etwa 350 g)
1 große Möhre
1 Birne (etwa 250 g)
25 g frischer ger. Ingwer
1 Knoblauchzehe (zerdrückt)
½ Vanilleschote (ausgekratzt)
Mark von ½ Vanilleschote
1 gestr. TL gerebelter Majoran
1 Msp. gem. Kümmelsamen
1 EL Tomatenmark
Salz, gem. Pfeffer
400 ml Fleischfond

etwas Fett

1 Für den Braten das Fleisch abspülen, mit Küchenpapier trocken tupfen, in dünne Scheiben schneiden und plattieren. Öl in eine große Pfanne geben, erhitzen und die Fleischscheiben nacheinander von beiden Seiten anbraten. Anschließend auf einen Teller legen. Die Pfanne mit dem Bratfond beiseitestellen.

2 Für die Füllung Zwiebel abziehen, halbieren und in Streifen schneiden. Fenchelknolle putzen, abspülen, abtropfen lassen, halbieren und in Streifen schneiden. Möhre putzen, schälen, abspülen, abtropfen lassen und schräg in dünne Scheiben schneiden. Birne schälen, vierteln, das Kerngehäuse entfernen und in Spalten schneiden.

3 Die Pfanne wieder auf die Kochstelle stellen und erhitzen. Zunächst die Zwiebelstreifen 2–3 Minuten andünsten, dann Fenchelsteifen und Möhrenscheiben hinzufügen, weitere 3–4 Minuten mitdünsten. Zuletzt Birnenspalten, Ingwer, Knoblauch, Vanilleschote und -mark hinzufügen. Alles 2–3 Minuten unter gelegentlichem Rühren dünsten. Majoran, Kümmel und Tomatenmark hinzufügen, unterrühren. Mit Salz und Pfeffer würzen. Fleischfond unterrühren, aufkochen lassen. Bei mittlerer Hitze 3–4 Minuten kochen lassen. Die Vanilleschote entfernen.

4 Den Backofen bei Ober-/Unterhitze auf 95 °C vorheizen.

5 Eine Reindl- oder Auflaufform (16 x 26 cm) leicht fetten. Das Fleisch und die Gemüsefüllung in die Form schichten. Dabei mit einer Lage Fleisch beginnen und abschließen.

6 Die Form auf dem Rost in den vorgeheizten Backofen schieben. Den Braten **etwa 3 Stunden garen.**

7 Reindlbraten in 4–6 Portionen teilen und sofort servieren.

Lecker dazu:

lockerer Kartoffelschnee oder knusprig gebratene kleine Kartoffeln. Kartoffelschnee erhalten Sie, wenn Sie die heißen Salzkartoffeln vor dem Servieren durch eine Kartoffelpresse drücken.

Rinderbeinscheiben in Wermut

4 Portionen | Pro Portion: E: **47** g, F: **20** g, Kh: **11** g, kJ: **1946**, kcal: **464**, BE: **0,5**

4 Rinderbeinscheiben
(etwa 800 g, ohne Knochen)
Salz
gem. Pfeffer

4 EL Speiseöl
250 ml trockener Wermut, z. B. Noilly Prat
2 Lorbeerblätter

250 g Schalotten

2 große Kohlrabi
1 gestr. TL Salz

1 Den Backofen bei Ober-/Unterhitze auf 95 °C vorheizen. Rinderbeinscheiben mit Küchenpapier trocken tupfen, evtl. vorhandenes Fett und Sehnen abschneiden. Beinscheiben mit Salz und Pfeffer würzen.

2 Speiseöl in einem großen flachen Bräter erhitzen. Die Beinscheiben darin etwa 10 Minuten von allen Seiten gut anbraten. Wermut hinzugießen, Lorbeerblätter hinzufügen und aufkochen lassen.

3 Den Bräter auf dem Rost in den vorgeheizten Backofen (unteres Drittel) schieben. Die Beinscheiben **etwa 3½ Stunden garen,** dabei 2–3-mal wenden.

4 Die Schalotten abziehen und zu den Beinscheiben in den Bräter geben. Den Bräter wieder auf dem Rost in den warmen Backofen schieben. Die Beinscheiben **weitere 2½ Stunden garen.**

5 Etwa 30 Minuten vor Ende der Garzeit Kohlrabi putzen, schälen, abspülen, abtropfen lassen und in etwa 1 cm dicke Scheiben schneiden. Wasser in einem Topf zugedeckt zum Kochen bringen, dann Salz und die Kohlrabischeiben hinzugeben, wieder zum Kochen bringen. Kohlrabischeiben etwa 5 Minuten garen. Anschließend in einem Sieb abtropfen lassen.

6 Die gegarten Rinderbeinscheiben aus dem Backofen nehmen. Die Lorbeerblätter aus der Schalottensauce entfernen. Rinderbeinscheiben mit den Kohlrabischeiben und der Schalottensauce auf Tellern anrichten und servieren.

Lecker dazu:
Gnocchi, Polenta oder Rigatoni

Rinderschichtbraten

6–8 Portionen | Pro Portion: E: **50** g, F: **12** g, Kh: **42** g, kJ: **2090**, kcal: **500**, BE: **3,5**

Zum Vorbereiten für den Rotkohl:
1 kg Rotkohl
1 TL Salz
70 g Zucker
je ½ gestr. TL gem. Piment, Ingwer und Zimt
200 ml Apfel- oder Obstessig

Für den Braten:
2–3 EL Speiseöl
1 ½ kg Rinderhüfte
Salz, geschroteter Pfeffer

Für das Rotkohlgemüse:
3 säuerliche Äpfel, z. B. Boskop
250 g Zwiebeln
2 EL Speiseöl
200 ml Rotwein
6 EL Rosinen oder Korinthen
80 g Rundkornreis
2 EL Apfelmus
2 EL Wildpreiselbeeren (aus dem Glas)
Salz, Pfeffer

1 Zum Vorbereiten vom Rotkohl die äußeren Blätter entfernen. Rotkohl vierteln und den Strunk herausschneiden. Rotkohl sehr fein hobeln oder schneiden. Rotkohlstreifen in eine große Schüssel geben. Salz, Zucker, Gewürze und Essig hinzufügen. Rotkohlstreifen mit den Händen kräftig kneten (möglichst Einmal-Handschuhe anziehen), bis er seine feste Struktur verloren hat. Den Rotkohl bis zur Weiterverarbeitung marinieren.

2 Für den Braten Öl in einer großen Pfanne erhitzen. Rinderhüfte mit Küchenpapier trocken tupfen. Das Fleisch rundherum in der Pfanne kräftig anbraten. Dabei mit Salz und Pfeffer würzen. Das Fleisch aus der Pfanne nehmen und beiseitestellen.

3 Für das Rotkohlgemüse die Äpfel schälen, vierteln und das Kerngehäuse entfernen. Äpfel in Spalten schneiden. Zwiebeln abziehen und in Würfel schneiden. Das Öl in der Pfanne erhitzen. Zwiebelwürfel darin 3–4 Minuten andünsten. Vorbereiteten Rotkohl, Apfelspalten, Rotwein, Rosinen oder Korinthen und Reis hinzufügen. Kurz umrühren und aufkochen lassen. Bei schwacher Hitze zugedeckt etwa 20 Minuten unter gelegentlichem Umrühren kochen lassen. Apfelmus und Preiselbeeren hinzufügen und weitere etwa 5 Minuten zugedeckt bei schwacher Hitze kochen lassen. Mit Salz und Pfeffer abschmecken.

4 In der Zwischenzeit das Fleisch mit dem Verlauf der Faser in Abständen von etwa 1 cm ein- aber nicht durchschneiden. An der unteren Seite sollte der Braten noch gut zusammenhalten (etwa 2 cm stehen lassen). Den Backofen bei Ober-/Unterhitze auf 120 °C vorheizen.

5 Die Spalten im Braten mit der Rotkohlmischung füllen. Restlichen Rotkohl mit dem Saft in eine ausreichend große Auflaufform oder einen flachen Bräter geben und den gefüllten Braten daraufsetzen.

6 Die Form oder den Bräter auf dem Rost in den vorgeheizten Backofen schieben. Den Braten **etwa 20 Minuten garen.** Anschließend die Backofentemperatur auf Ober-/Unterhitze 95 °C reduzieren. Den geschichteten Rinderbraten **weitere 2½–3 Stunden garen.**

7 Zum Servieren den Braten quer zur Fleischfaser schneiden.

Lecker dazu:
Semmelknödel oder Salzkartoffeln

Tipp: Statt Rotwein können Sie auch 200 ml Apfel- oder Traubensaft verwenden.

Zubereitungszeit: **25 Minuten, ohne Marinierzeit** | Garzeit: etwa **45 Minuten**

Schweinefilet, mit Sojasauce mariniert

4 Portionen | Pro Portion: E: **41** g, F: **10** g, Kh: **4** g, kJ: **1144**, kcal: **273**, BE: **0,5**

2 Schweinefilets
(je etwa 350 g)
etwa 100 ml Sojasauce

gem. Pfeffer
Paprikapulver edelsüß
20 g Butterschmalz

Für die Sauce:
250 ml Fleischbrühe
1 EL Weizenmehl
2 EL kaltes Wasser
4 EL Schlagsahne

1 Die Schweinefilets mit Küchenpapier trocken tupfen, evtl. enthäuten und entfetten. Die Filets in eine Schale legen, mit der Sojasauce übergießen und mit Frischhaltefolie zugedeckt im Kühlschrank etwa 30 Minuten marinieren, dabei die Filets 2–3-mal in der Sojasauce wenden.

2 Den Backofen bei Ober-/Unterhitze auf 95 °C vorheizen. Eine Auflaufform auf dem Rost (mittlere Schiene) miterwärmen.

3 Die Schweinefilets aus der Sojasauce nehmen, mit Küchenpapier trocken tupfen, mit Pfeffer und Paprika würzen. Butterschmalz in eincr Pfanne zerlassen. Die Schweinefilets darin 5–6 Minuten von allen Seiten anbraten, herausnehmen, in die vorgewärmte Auflaufform legen und nochmals mit der Sojasaucenmarinade bestreichen. Die Form auf dem Rost in den vorgeheizten Backofen schieben. Schweinefilets **etwa 45 Minuten garen.**

4 Die Form aus dem Backofen nehmen, Schweinefilets herausnehmen und auf einer vorgewärmte Platte im Backofen warm stellen.

5 Für die Sauce die Fleischbrühe in die Auflaufform gießen. Den Bratensatz mit einem Pinsel vom Boden der Form lösen, anschließend in einen Topf gießen und zum Kochen bringen.

6 Mehl mit Wasser anrühren, in die Sauce rühren und unter Rühren zum Kochen bringen. Die Sauce etwa 5 Minuten unter gelegentlichem Rühren kochen lassen, dann Sahne unterrühren. Die Sauce mit Salz, Pfeffer und Sojasauce (von der Marinade) abschmecken. Die Schweinefilets in Scheiben schneiden und mit der Sauce anrichten.

Lecker dazu:
Bohnen-Möhren-Gemüse mit Salzkartoffeln oder Baguette

Tipp: Garen Sie das marinierte Schweinefilet auf 800 g vorbereitetem Frühlingsgemüse, z. B. Möhren, Porree (Lauch), Kohlrabi, Sellerie, Mairübchen. Das Gemüse in grobe Würfel schneiden und unter Punkt 3 mit in die Auflaufform geben. (Titelbild)

Zubereitungszeit: **40 Minuten, ohne Durchziehzeit** | Garzeit: etwa **4 Stunden**

Gefüllter Nackenbraten

6 Portionen | Pro Portion: E: **50** g, F: **45** g, Kh: **4** g, kJ: **2629**, kcal: **628**, BE: **0,0**

- 1 ½ kg Schweinenacken, ohne Knochen
- Salz
- gem. Pfeffer
- Paprikapulver edelsüß
- evtl. 2–3 EL Weinbrand oder Rum
- 1–2 Gemüsezwiebeln
- 1 kleine rote Chilischote
- 125 g Frühstücksspeck in Scheiben
- evtl. 2–3 EL Weinbrand oder Rum
- 2–3 EL Olivenöl

Außerdem:
2–3 Schaschlikspieße oder Küchengarn

1 Den Schweinenacken mit Küchenpapier trocken tupfen. Den Schweinenacken in gleichmäßigen Abständen mit einem scharfen Messer etwa 5 cm tief einschneiden, jedoch nicht durchschneiden, sodass Taschen entstehen.

2 Den Schweinenacken kräftig mit Salz, Pfeffer und Paprika würzen. Evtl. mit Weinbrand oder Rum beträufeln.

3 Die Gemüsezwiebeln abziehen, halbieren und in etwa 1 cm dicke Scheiben schneiden. Die Chilischote halbieren, entstielen, entkernen, abspülen und abtropfen lassen. Schotenhälften in kleine Würfel schneiden. Zwiebelscheiben mit Chiliwürfeln bestreuen. Die Zwiebelscheiben mit je 1 Scheibe Frühstücksspeck umwickeln und senkrecht in die Fleischeinschnitte stecken. Den Schweinenacken nochmals mit Salz, Pfeffer und Paprika würzen. Evtl. nochmals mit Weinbrand oder Rum beträufeln. Den Schweinenacken mit Schaschlikspießen zusammenstecken oder mit Küchengarn fest umwickeln.

4 Den gefüllten Nackenbraten zugedeckt im Kühlschrank über Nacht durchziehen lassen.

5 Den Backofen bei Ober-/Unterhitze auf 95 °C vorheizen.

6 Olivenöl in einem Bräter erhitzen. Den gefüllten Nackenbraten darin von allen Seiten etwa 10 Minuten anbraten. Dann den Bräter auf dem Rost in den vorgeheizten Backofen (unteres Drittel) schieben. Den gefüllten Nackenbraten **etwa 4 Stunden garen.**

Lecker dazu:
Kartoffelgratin, Bohnen- oder Paprikasalat

Tipp: Rum oder Weinbrand können Sie bei diesem Rezept einfach weglassen, wenn Sie ohne Alkohol kochen möchten.

Koteletts aus dem Backofen

4 Portionen | Pro Portion: E: **39** g, F: **28** g, Kh: **9** g, kJ: **1856**, kcal: **442**, BE: **0,5**

etwa 800 g Schweinenacken ohne Knochen
1 EL Speiseöl
Salz
gem. Pfeffer
1 Gemüsezwiebel oder 2 kleine Zwiebeln

1 Knoblauchzehe
1 Stängel frischer oder ½ TL gerebelter Thymian
400 g stückige Tomaten (aus der Dose)

200 g feurige Taco-Sauce oder Mexico-Salsa (aus dem Glas)
2 Lorbeerblätter

einige Stängel Thymian und Petersilie

1 Den Backofen auf Ober-/Unterhitze 95 °C vorheizen.

2 Schweinenacken mit Küchenpapier trocken tupfen und in 4 gleich große Scheiben schneiden, evtl. etwas flach klopfen. Fleischscheiben mit Salz und Pfeffer kräftig würzen. Öl in einem Bräter erhitzen, das Fleisch von beiden Seiten insgesamt 4 Minuten anbraten und aus dem Bräter nehmen.

3 Zwiebeln und Knoblauch abziehen. Die Zwiebeln zuerst in Scheiben schneiden, dann in Ringe teilen. Knoblauch in Scheiben schneiden.

4 Thymian abspülen und trocken tupfen. Die Blättchen von den Stängeln zupfen. Den Thymian mit den Tomaten und der Taco-Sauce oder Mexico-Salsa verrühren. Lorbeerblätter grob zerreiben und unterrühren. Die Tomatensauce mit Salz und Pfeffer würzen.

5 Die Fleischscheiben nebeneinander in den Bräter legen. Mit den vorbereiteten Zwiebelringen, Knoblauchscheiben und dann mit der Tomatensauce bedecken.

6 Den Bräter auf dem Rost in den vorgeheizten Backofen (unteres Drittel) schieben. Anschließend die Koteletts **etwa 2 ½ Stunden garen.**

7 Die Kräuter abspülen und trocken tupfen. Die Koteletts aus dem Backofen nehmen und mit den Kräutern garniert servieren.

Lecker dazu: Röstkartoffeln, Baguette oder Fladenbrot

Tipps: Statt der Taco-Sauce aus dem Glas können Sie auch Curryketchup (dann wird die Sauce etwas lieblicher, weniger scharf) oder Paprika-Zubereitungen aus Glas bzw. Dose verwenden, z. B. Letscho (ungarisches Paprikagemüse) oder Ajvar (Paprika-Gemüse-Mischung). Zusätzlich schmecken auch Champignons oder Pfifferlinge (frisch oder aus der Dose), die mit eingeschichtet werden.

Zubereitungszeit: **40 Minuten, ohne Abkühlzeit** | Garzeit: etwa **4 ½ Stunden**

Krustenschichtbraten

8–10 Portionen | Pro Portion: E: **43** g, F: **42** g, Kh: **12** g, kJ: **2486**, kcal: **595**, BE: **1,0**

Zum Vorbereiten:
2 Laugenbrötchen oder -semmeln (etwa 180 g, vom Vortag)
200 ml Milch (3,5 % Fett)

Für den Krustenbraten:
2 kg Schweinekrustenbraten
Salz, gem. Pfeffer
1 EL Speiseöl
1 Bund Petersilie
1 Bund Schnittlauch
200 g Zwiebelwürfel
1 TL gerebelter Majoran
1 EL Weizenmehl
3 Eigelb (Größe M)
1 Msp. gem. Piment
1 Msp. ger. Muskatnuss
2 EL mittelscharfer Senf

1 Zum Vorbereiten die Brötchen oder -semmeln in feine Würfel oder dünne Scheiben schneiden. Milch erwärmen, daraufgießen und gelegentlich umrühren, damit die Milch gleichmäßig einziehen kann.

2 Die Haut des Krustenbratens mit einem sehr scharfen Messer längs und quer etwa ½ cm tief einschneiden. Den gesamten Braten kräftig mit Salz und Pfeffer bestreuen und beides einreiben. Dabei darauf achten, dass die Hautoberfläche nicht abgelöst wird.

3 Das Öl in einer Pfanne erhitzen. Krustenbraten zunächst 7–8 Minuten auf der Hautseite kräftig anbraten, bis die Haut etwas knusprig ist. Anschließend die restlichen Seiten anbraten. Fleisch aus der Pfanne nehmen und beiseitestellen. Petersilie und Schnittlauch abspülen und trocken tupfen. Petersilienblättchen von den Stängeln zupfen und klein schneiden. Schnittlauch in feine Röllchen schneiden, beiseitestellen.

4 Die Zwiebelwürfel in der Pfanne mit dem Bratenfett andünsten, auf einen Teller geben und lauwarm erkalten lassen.

5 Eingeweichte Laugensemmel oder -brötchen in eine Schüssel geben. Zwiebelwürfel, Kräuter, Mehl und Eigelb hinzufügen und mit den Händen zu einer glatten Masse vermengen. Mit Piment, Muskatnuss, Salz und Pfeffer würzen.

6 Den Backofen bei Ober-/Unterhitze auf 180 °C vorheizen.

7 Den Krustenbraten auf der Hautseite längs in Abständen von etwa 1 ½ cm ein- aber nicht durchschneiden. An der unteren Seite sollte der Braten noch gut zusammenhalten (etwa 2 cm stehen lassen). Braten mit der Hautseite nach oben in einen Bräter oder eine Auflaufform legen. Braten und Spalten mit Senf bestreichen. Die Spalten zunächst mit je 1 Teelöffel der Brötchen- oder Semmelmasse füllen. Restliche Masse gleichmäßig in den Spalten verteilen.

8 Die Form auf dem Rost in den vorgeheizten Backofen schieben. Den Braten **etwa 30 Minuten garen.**

9 Die Backofentemperatur auf Ober-/Unterhitze: 95 °C reduzieren und den Braten **weitere etwa 4 Stunden garen.**

Lecker dazu:
grüner Salat mit Joghurt-Zitronen-Dressing und Salzkartoffeln. Oder Semmelknödel und Rettich- oder Radieschensalat.

Roastbeef in Malzbier

4 Portionen | Pro Portion: E: **47** g, F: **14** g, Kh: **12** g, kJ: **1551**, kcal: **370**, BE: **0,5**

400 g Staudensellerie
1 Bund Frühlingszwiebeln (etwa 250 g)
3 Knoblauchzehen

etwa 800 g Roastbeef (küchenfertig, ohne Fettrand)
Salz
gem. Pfeffer

2 EL Speiseöl, z. B. Rapsöl
200 ml Malzbier
1 EL Estragon-Senf

etwas Selleriegrün und einige Estragonstängel

1 Staudensellerie putzen, abspülen, abtropfen lassen und in etwa 3 cm lange Stücke schneiden. Etwas Selleriegrün zum Garnieren beiseitelegen. Die Frühlingszwiebeln putzen, abspülen, abtropfen lassen und ebenfalls in etwa 3 cm lange Stücke schneiden. Knoblauch abziehen und fein würfeln.

2 Sellerie- und Frühlingszwiebelstücke in einer Schüssel mischen. Knoblauch hinzugeben.

3 Den Backofen bei Ober-/Unterhitze auf 95 °C vorheizen.

4 Roastbeef mit Küchenpapier trocken tupfen, mit Salz und Pfeffer würzen. Speiseöl in einem Bräter erhitzen. Roastbeef darin etwa 5 Minuten von allen Seiten anbraten und herausnehmen.

5 Die Gemüsemischung in den Bräter geben und in dem verbliebenen Bratfett 4–5 Minuten unter Rühren anbraten, mit Malzbier ablöschen und aufkochen lassen.

6 Das Roastbeef mit Estragon-Senf bestreichen und auf die Gemüsemischung in den Bräter legen. Den Bräter auf dem Rost in den vorgeheizten Backofen (unteres Drittel) schieben. Das Roastbeef **etwa 1 Stunde und 50 Minuten garen.**

7 Beiseitegelegtes Selleriegrün und Estragon abspülen, trocken tupfen. Das gegarte Roastbeef aus dem Backofen nehmen, in dünne Scheiben schneiden und mit dem Gemüse auf Tellern anrichten. Mit dem Selleriegrün und den Estragonspitzen garnieren.

Lecker dazu:
Kroketten und Möhrengemüse

Schweinshaxen in Biersauce mit Jägerkohl

4 Portionen | Pro Portion: E: **42** g, F: **40** g, Kh: **13** g, kJ: **2465**, kcal: **588**, BE: **1,0**

2 Schweinshaxen
(je etwa 500 g)
Salz
gem. Pfeffer
gem. Kümmelsamen
3 EL Speiseöl
1 EL Tomatenmark

1 EL Paprikapulver edelsüß
250 ml Schwarzbier
250 ml Fleischbrühe

2 Zwiebeln
½ Kopf Weißkohl (etwa 600 g)
30 g Schweineschmalz

50 g gewürfelter roher Schinken
(aus dem Kühlregal)
80 ml Gemüsebrühe

1 EL Speisestärke
1–2 EL kaltes Wasser

1 Den Backofen bei Ober-/Unterhitze auf 95 °C vorheizen.

2 Von den Haxen die Schwarte und das Fett entfernen. Die Haxen kurz unter fließendem kalten Wasser abspülen, trocken tupfen, mit Salz, Pfeffer und Kümmel einreiben.

3 Speiseöl in einem großen Bräter erhitzen. Die Haxen darin etwa 10 Minuten von allen Seiten gut anbraten. Tomatenmark und Paprika hinzugeben, kurz mit andünsten. Mit Bier und Fleischbrühe ablöschen, zum Kochen bringen.

4 Den Bräter auf dem Rost in den vorgeheizten Backofen (unteres Drittel) schieben. Die Schweinshaxen **4½–5 Stunden garen**.

5 Etwa 50 Minuten vor Ende der Garzeit der Haxen die Zwiebeln abziehen und fein würfeln. Weißkohl putzen, vierteln und den Strunk herausschneiden. Kohlviertel abspülen, abtropfen lassen und in feine Streifen schneiden.

6 Das Schmalz in einem großen Topf zerlassen. Zwiebel- und Schinkenwürfel darin andünsten. Weißkohlstreifen hinzufügen und unter Rühren mitdünsten lassen, Gemüsebrühe hinzugießen, mit Salz, Pfeffer und Kümmel würzen. Den Weißkohl zugedeckt etwa 20 Minuten bei mittlerer Hitze unter gelegentlichem Rühren dünsten.

7 Die gegarten Haxen aus dem Backofen nehmen und warm stellen. Den Bratenfond zum Kochen bringen. Speisestärke mit Wasser anrühren, in den Fond rühren und unter Rühren aufkochen lassen. Die Biersauce mit Salz und Pfeffer abschmecken.

8 Das Fleisch von den Knochen lösen und in Scheiben schneiden. Die Schweinshaxen mit dem Jägerkohl und der Biersauce anrichten und servieren.

Lecker dazu:

Salzkartoffeln, Semmelknödel oder Laugenbrezel

Tipp: Möchten Sie das Bier ersetzen, können Sie stattdessen Apfelsaft verwenden. Geben Sie dann etwa 30 Minuten vor Ende der Garzeit 4–8 abgespülte, entkernte Apfelviertel, z. B. Boskop zum Fleisch in den Bräter.

Hackbraten mit Schafskäse

4 Portionen | Pro Portion: E: **47** g, F: **51** g, Kh: **13** g, kJ: **2983**, kcal: **712**, BE: **1,0**

- 1 Brötchen (Semmel) vom Vortag
- 1 Zwiebel
- 2 Knoblauchzehen
- 600 g Gehacktes (halb Rind-, halb Schweinefleisch)
- 2 Eier (Größe M)
- 2 EL Tomatenmark
- Salz
- gem. Pfeffer
- Paprikapulver edelsüß
- gerebelter Oregano
- 1 Bund Basilikum
- 200 g Schafskäse
- 120 g durchwachsener Speck in Scheiben
- 125 ml Rotwein

1 Den Backofen bei Ober-/Unterhitze auf etwa 200 °C vorheizen.

2 Brötchen in kaltem Wasser einweichen. Zwiebel und Knoblauch abziehen, in kleine Würfel schneiden.

3 Gehacktes in eine Schüssel geben. Eingeweichtes Brötchen gut ausdrücken, mit den Zwiebel- und Knoblauchwürfeln, Eiern und Tomatenmark hinzugeben. Die Zutaten gut vermengen, mit Salz, Pfeffer, Paprika und Oregano würzen.

4 Basilikum abspülen und trocken tupfen. Die Blättchen von den Stängeln zupfen, die Blättchen in feine Streifen schneiden. Schafskäse in kleine Würfel schneiden.

5 Basilikumstreifen und Schafskäsewürfel unter den Hackfleischteig arbeiten. Den Fleischteig zu einem ovalen Laib formen und in einen Bräter (gefettet) legen. Die Speckscheiben leicht überlappend darauflegen.

6 Den Bräter auf dem Rost in den vorgeheizten Backofen (unteres Drittel) schieben. Den Hackbraten **etwa 20 Minuten garen.** Dann die Backofentemperatur bei Ober-/Unterhitze auf 95 °C reduzieren.

7 Den Rotwein zum Hackbraten in Bräter gießen. Den Hackbraten **etwa 2 Stunden garen.** Während der Garzeit evtl. etwas Wasser hinzugießen.

8 Den gegarten Hackbraten aus dem Bräter nehmen und etwa 10 Minuten ruhen lassen. Hackbraten in Scheiben schneiden.

Lecker dazu:
Kartoffelgratin und Babyspinat- oder Tomatensalat

Tipp: Der Rotwein kann durch 100 ml Trauben- oder Apfelsaft und 2 EL Rotweinessig ersetzt werden.

Zubereitungszeit: **30 Minuten** | Garzeit: etwa **3½ Stunden**

Osso Bucco

4 Portionen | Pro Portion: E: **28** g, F: **31** g, Kh: **7** g, kJ: **1830**, kcal: **436**, BE: **0,0**

4 Kalbshaxenscheiben (mit Knochen, je etwa 200 g)
1 Möhre
1 Stange Staudensellerie
1 Stange Porree (Lauch)
1 Knoblauchzehe
1 Zwiebel
3 Fleischtomaten
100 ml Olivenöl
Salz
gem. Pfeffer
100 ml Weißwein
500 ml heiße Fleischbrühe
einige Stängel Petersilie
½ TL ger. Bio-Zitronenschale (unbehandelt, ungewachst)

1 Den Backofen bei Ober-/Unterhitze auf 95 °C vorheizen.

2 Die Haxenscheiben kurz unter fließendem kalten Wasser abspülen und trocken tupfen. Möhre, Sellerie und Porree putzen. Möhre schälen, abspülen, abtropfen lassen und in Streifen schneiden. Selleriestange putzen, abspülen und abtropfen lassen. Die Porreestange längs halbieren, gründlich waschen, abtropfen lassen. Sellerie und Porree in Stücke schneiden.

3 Knoblauch und Zwiebel abziehen, klein würfeln. Tomaten kreuzweise einschneiden und mit kochendem Wasser übergießen. Nach 1–2 Minuten herausnehmen und mit kaltem Wasser abschrecken. Tomaten häuten, halbieren und die Stängelansätze herausschneiden. Tomaten entkernen und in Würfel schneiden.

4 Olivenöl in einem Bräter erhitzen. Die Fleischscheiben darin von beiden Seiten gut anbraten, mit Salz und Pfeffer würzen. Zwiebelwürfel, Möhrenstreifen, Sellerie- und Porreestücke hinzufügen und kurz mit andünsten, mit Wein ablöschen.

5 Heiße Brühe hinzugießen und Tomatenwürfel hinzugeben. Den Bräter auf dem Rost in den vorgeheizten Backofen (unteres Drittel) schieben. Die Kalbshaxenscheiben **etwa 3½ Stunden garen.**

6 Die Petersilie abspülen und trocken tupfen. Die Blättchen von den Stängeln zupfen, Blättchen klein schneiden. Petersilie kurz vor Ende der Garzeit mit den Knoblauchwürfeln und der Zitronenschale zum Osso Bucco in den Bräter geben. Osso Bucco mit Salz und Pfeffer abschmecken und servieren.

Lecker dazu:
kleine Ofen- oder Rosmarinkartoffeln

Tipp: In Italien serviert man zu diesem klassischen Gericht „Risotto alla milanese".

Bäckerbraten

4 Portionen I Pro Portion: E: **60** g, F: **20** g, Kh: **16** g, kJ: **2057**, kcal: **492**, BE: **1,0**

- 2 Zwiebeln
- 2 Möhren
- 1 kg Schweinefleisch, aus der Oberschale
- Salz
- gem. Pfeffer
- 2 EL Speiseöl
- etwa 350 ml Fleischbrühe

Für die Brotkruste:

- 4 Scheiben Toastbrot
- 40 g Butter
- 1 EL gemischte klein geschnittene Kräuter (z. B. Petersilie, Schnittlauch)
- 1 Ei (Größe M)
- Worcestersauce
- 1 TL mittelscharfer Senf

1 Den Backofen bei Ober-/Unterhitze auf 95 °C vorheizen.

2 Zwiebeln abziehen. Die Möhren putzen, schälen, abspülen und abtropfen lassen. Zwiebeln und Möhren in Stücke schneiden.

3 Schweinefleisch mit Küchenpapier trocken tupfen, mit Salz und Pfeffer einreiben. Speiseöl in einem Bräter erhitzen. Das Schweinefleisch darin etwa 5 Minuten von allen Seiten anbraten. Das vorbereitete Gemüse hinzufügen und 3–4 Minuten mitbraten lassen. Mit Fleischbrühe ablöschen. Den Bräter auf dem Rost in den vorgeheizten Backofen (unteres Drittel) schieben. Den Schweinebraten **etwa 4 ½ Stunden garen.**

4 In der Zwischenzeit für die Brotkruste das Toastbrot entrinden und in Würfel schneiden. Butter in einer Pfanne zerlassen. Die Brotwürfel darin von allen Seiten anrösten, herausnehmen, in eine Schüssel geben und etwas abkühlen lassen.

5 Kräuter und Ei zu den Brotwürfeln geben und gut vermischen, mit Salz, Pfeffer, Worcestersauce und Senf würzen.

6 Nach der Garzeit den Bräter mit dem Braten aus dem Backofen nehmen und den Backofengrill auf etwa 200 °C vorheizen.

7 Die Brot-Kräuter-Mischung auf dem Schweinefleisch verteilen und etwas andrücken. Das Fleischstück wieder in den Bräter legen. Den Bräter auf dem Rost unter den vorgeheizten Backofengrill schieben. Den Bäckerbraten **5–10 Minuten überbacken.**

8 Den Bäckerbraten aus dem Bräter nehmen und warm stellen. Evtl. etwas Wasser unter den Bratensatz rühren und mit dem Gemüse in einen Topf geben und pürieren. Die Sauce nochmals kurz erhitzen, mit Salz und Pfeffer abschmecken.

9 Den Bäckerbraten in Scheiben schneiden und mit der Sauce servieren.

Dazu schmecken:
Rotkohl und Kartoffelklöße

Falsches Filet
in dunkler Biersauce

4 Portionen | Pro Portion: E: **59** g, F: **16** g, Kh: **35** g, kJ: **2218**, kcal: **530**, BE: **2,5**

- 3 Möhren (etwa 300 g)
- 1 kleiner Knollensellerie (etwa 250 g)
- 500 g festkochende Kartoffeln
- 250 g Frühlingszwiebeln

- etwa 1 kg Falsches Filet (Rinderrolle von der Unterschale)
- Salz
- gem. Pfeffer
- 3 EL Rapsöl
- 1 EL Tomatenmark

- 330 ml Malzbier
- 400 ml Rinderbrühe
- 1 EL mittelscharfer Senf

1 Den Backofen bei Ober-/Unterhitze auf 95 °C vorheizen.

2 Möhren und Knollensellerie putzen, schälen, abspülen und abtropfen lassen. Die Kartoffeln schälen, abspülen und abtropfen lassen. Dann Möhren, Knollensellerie und Kartoffeln in Würfel schneiden. Frühlingszwiebeln putzen, abspülen, abtropfen lassen und in feine Scheiben schneiden.

3 Das Fleisch mit Küchenpapier trocken tupfen, mit Salz und Pfeffer würzen.

4 Das Rapsöl in einem großen Bräter erhitzen. Das Fleisch darin 5–8 Minuten von allen Seiten gut anbraten und herausnehmen.

5 Möhren-, Sellerie-, Kartoffelwürfel und Frühlingszwiebelscheiben in den Bräter geben und in dem verbliebenen Bratfett 3–4 Minuten unter Rühren anbraten, Tomatenmark unterrühren. Die Kartoffel-Gemüse-Masse mit Salz und Pfeffer würzen, mit Bier und Brühe ablöschen.

6 Das angebratene Fleisch von allen Seiten mit Senf bestreichen und auf die Kartoffel-Gemüse-Masse in den Bräter legen.

7 Den Bräter auf dem Rost in den vorgeheizten Backofen schieben. Das Fleisch **etwa 4 ½ Stunden garen.**

8 Das gegarte Fleisch aus dem Bräter nehmen und in Scheiben schneiden. Das falsche Filet mit der Biersauce und dem Schmorgemüse anrichten.

Lecker dazu:
Bauernbrot, Semmelklöße oder Serviettenknödel

Rindfleisch in Portwein

4 Portionen | Pro Portion: E: **44** g, F: **13** g, Kh: **38** g, kJ: **2229**, kcal: **533**, BE: **3,0**

250 g Zwiebeln
800 g Rinderhüfte (Tafelspitzstück)
Salz
gem. Pfeffer
30 g Butterschmalz oder Rapsöl
1 EL brauner Zucker

150 ml Rotwein
250 ml roter Portwein
200 g Wildpreiselbeeren (aus dem Glas)

2 Lorbeerblätter
gem. Piment
ger. Muskatnuss

1 Bio-Zitrone (unbehandelt, ungewachst)

1 Die Zwiebeln abziehen und in Spalten schneiden. Das Fleisch mit Küchenpapier trocken tupfen, mit Salz und Pfeffer einreiben.

2 Den Backofen bei Ober-/Unterhitze auf 95 °C vorheizen.

3 Butterschmalz oder Öl in einem Bräter erhitzen. Das Fleisch darin etwa 5 Minuten von allen Seiten anbraten. Zwiebelspalten und braunen Zucker hinzugeben und 1–2 Minuten mitbraten lassen.

4 Das ganze mit Rot- und Portwein ablöschen, die Hälfte der Preiselbeeren und die Lorbeerblätter hinzugeben und alles aufkochen lassen.

5 Den Bräter auf dem Rost in den vorgeheizten Backofen (unteres Drittel) schieben. Das Rindfleisch **etwa 3 ½ Stunden garen**.

6 Das gegarte Rindfleisch aus dem Backofen nehmen und zugedeckt warm stellen.

7 Die restlichen Preiselbeeren unter den Bratenfond rühren. Die Sauce mit Salz, Pfeffer, Piment und Muskat abschmecken.

8 Die Zitrone heiß abwaschen, abtrocknen und in Scheiben schneiden. Das Rindfleisch in dünne Scheiben schneiden, mit der Portweinsauce und den Zitronenscheiben anrichten.

Dazu schmeckt: Roggenbrot oder Polenta mit brauner Butter

Zubereitungszeit: **20 Minuten, ohne Ruhezeit** | Garzeit: etwa **90 Minuten**

Roastbeef mit Kräuter-Senf-Kruste

4 Portionen | Pro Portion: E: **58** g, F: **15** g, Kh: **2** g, kJ: **1580**, kcal: **376**, BE: **0,0**

1 kg Roastbeef (küchenfertig, ohne Fettrand)
Salz
gem. Pfeffer
2–3 EL Speiseöl

Für die Kräuter-Senf-Kruste:
1 Bund Petersilie
je 1 kleines Bund Majoran, Thymian, Basilikum
4 EL mittelscharfer Senf

1 Den Backofen bei Ober-/Unterhitze auf 95 °C vorheizen. Eine Auflaufform mit niedrigem Rand auf dem Rost miterwärmen.

2 Roastbeef mit Küchenpapier trocken tupfen, mit Salz und Pfeffer würzen.

3 Speiseöl in einer Pfanne erhitzen. Das Roastbeef darin etwa 10 Minuten von allen Seiten anbraten, herausnehmen und in die vorgewärmte Auflaufform legen.

4 Die Form auf dem Rost in den vorgeheizten Backofen schieben. Das Roastbeef **etwa 90 Minuten garen.**

5 Für die Kräuter-Senf-Kruste Kräuter abspülen und trocken tupfen. Die Blättchen von den Stängeln zupfen. Blättchen klein schneiden und mit dem Senf vermengen.

6 Die Auflaufform mit dem Roastbeef aus dem Backofen nehmen und den Backofengrill auf etwa 240 °C vorheizen.

7 Das Roastbeef mit der Kräuter-Senf-Mischung bestreichen. Die Form auf dem Rost unter den vorgeheizten Backofengrill schieben. Die Kräuter-Senf-Mischung **3–4 Minuten überbacken.**

8 Die Form aus dem Backofen nehmen und das Roastbeef etwa 5 Minuten ruhen lassen. Roastbeef in Scheiben schneiden und servieren.

Dazu schmecken:
Baguette oder Bratkartoffeln, Kohlrabigemüse oder Salat

Schweinebraten mit Kräuter-Senf-Hülle

4 Portionen | Pro Portion: E: **40** g, F: **38** g, Kh: **6** g, kJ: **2179**, kcal: **520**, BE: **0,5**

800 g Schweinenacken (ohne Knochen)
Salz
gem. Pfeffer
2 EL Sonnenblumenöl

250 ml heiße Fleisch- oder Gemüsebrühe
1 Zwiebel
1 Knoblauchzehe
2–3 EL mittelscharfer Senf
25 g TK-Kräuter der Provence

500 g Suppengrün (Sellerie, Möhren, Porree)
20 g Butter
125 ml Gemüsebrühe

evtl. 1 TL Speisestärke
evtl. 1–2 EL Wasser

1 Den Backofen bei Ober-/Unterhitze auf 95 °C vorheizen.

2 Den Schweinenacken mit Küchenpapier trocken tupfen, mit Salz und Pfeffer würzen.

3 Das Sonnenblumenöl in einem Bräter erhitzen. Den Schweinenacken darin 5–8 Minuten von allen Seiten gut anbraten, die heiße Fleischbrühe hinzugießen.

4 Den Bräter auf dem Rost in den vorgeheizten Backofen (unteres Drittel) schieben. Den Schweinenacken **etwa 3½ Stunden garen.**

5 In der Zwischenzeit Zwiebel und Knoblauch abziehen, fein würfeln, mit Senf und den gefrorenen Kräutern verrühren und zugedeckt in den Kühlschrank stellen.

6 Das Suppengrün putzen, schälen, abspülen, abtropfen lassen. Suppengrün in dünne Streifen schneiden.

7 Etwa 15 Minuten vor Ende der Garzeit des Schweinebratens die Butter in einem Topf zerlassen. Zuerst die Möhren- und Selleriestreifen darin unter gelegentlichem Rühren andünsten. Dann die Porreestreifen hinzufügen und kurz mitdünsten lassen, Gemüsebrühe hinzugießen. Das Gemüse zugedeckt etwa 5 Minuten dünsten, mit Salz und Pfeffer würzen.

8 Den gegarten Schweinenacken aus dem Backofen nehmen und auf ein vorgewärmtes Backblech legen. Den Backofengrill auf etwa 240 °C vorheizen.

9 Die Seiten und die Oberfläche des Schweinenackens mit der kalt gestellten Senf-Kräuter-Mischung bestreichen. Das Backblech unter den vorgeheizten Backofengrill schieben. Den Schweinenacken **4–5 Minuten überbacken.**

10 Den Bratenfond in dem Bräter zum Kochen bringen. Nach Belieben Speisestärke mit Wasser anrühren, unter den Fond rühren und unter Rühren aufkochen lassen, mit Salz und Pfeffer abschmecken.

11 Den Schweinebraten mit Kräuter-Senf-Hülle in Scheiben schneiden, mit der Sauce und den Gemüsestreifen auf Tellern anrichten und servieren.

Dazu schmeckt:
Ofenfrisches Kräuterbaguette oder Spätzle und ein grüner Salat

Rollbraten mit Hackfüllung

4 Portionen | Pro Portion: E: **41** g, F: **24** g, Kh: **12** g, kJ: **1818**, kcal: **434**, BE: **1,0**

1 große doppelte Rinderroulade (etwa 25 x 30 cm, vom Metzger zuschneiden lassen)
1 Zwiebel
200 g Rindergehacktes
1 Ei (Größe M)
2 EL Semmelbrösel

1 TL mittelscharfer Senf
Salz
gem. Pfeffer
1 gestr. TL Paprikapulver edelsüß
¼ TL Chilipulver
1 rote Paprikaschote (etwa 200 g)
4 EL Speiseöl

400 ml Fleischbrühe
400 g passierte Tomaten (aus dem Tetrapak)

Außerdem:
Küchengarn oder Rouladennadeln

1 Den Backofen bei Ober-/Unterhitze auf 95 °C vorheizen. Rinderroulade mit Küchenpapier trocken tupfen, evtl. vorhandenes Fett und Sehnen abschneiden.

2 Zwiebel abziehen und fein würfeln. Gehacktes in eine Schüssel geben, Zwiebelwürfel, Ei und Semmelbrösel hinzugeben und gut unterarbeiten. Mit Salz, Pfeffer, Paprika- und Chili würzen.

3 Paprikaschote halbieren, entstielen, entkernen und die weißen Scheidewände entfernen. Die Schote abspülen, abtropfen lassen und vierteln.

4 Die Rinderroulade mit Salz und Pfeffer würzen. Die Hackfleischmasse mittig darauf verteilen und mit den Paprikastücken belegen. Das Fleisch von der schmalen Seite aus fest aufrollen und mit Küchengarn zusammenbinden oder mit Rouladennadeln feststecken.

5 Das Speiseöl in einem großen flachen Bräter erhitzen. Die Fleischrolle darin etwa 10 Minuten von allen Seiten gut anbraten. Brühe und passierte Tomaten unterrühren, aufkochen lassen. Den Bräter auf dem Rost in den vorgeheizten Backofen (unteres Drittel) schieben. Den Rollbraten **etwa 5 Stunden garen.** Dabei den Braten 2–3-mal wenden.

6 Den gegarten Rollbraten aus dem Backofen nehmen, Küchengarn oder Rouladennadeln entfernen. Den Braten in Scheiben schneiden und mit der Sauce servieren.

Dazu schmecken:

Petersilienkartoffeln und Pastinaken- oder Kohlrabigemüse

Zubereitungszeit: **45 Minuten** | Garzeit: etwa **3 ½ Stunden**

Schweinebraten in Bier

6 Portionen | Pro Portion: E: **37** g, F: **44** g, Kh: **10** g, kJ: **2508**, kcal: **600**, BE: **1,0**

1,2 kg Schweinerollbraten (aus der Schulter)
Salz
gem. Pfeffer
2 EL Speiseöl, z. B. Sonnenblumenöl

1 Zwiebel
2 Möhren
3 Knoblauchzehen
1 EL Weizenmehl
100 ml Apfel- oder Obstessig
330 ml helles Bier

150 ml Fleisch- oder Gemüsefond

3 EL mittelscharfer Senf
2 EL Semmelbrösel
50 g kalte Butter

1 Den Rollbraten mit Küchenpapier trocken tupfen, mit Salz und Pfeffer würzen.

2 Speiseöl in einem Bräter erhitzen. Den Rollbraten darin etwa 5 Minuten von allen Seiten anbraten, herausnehmen und beiseitelegen.

3 Zwiebel abziehen, zuerst in Scheiben schneiden, dann in Ringe teilen. Möhren putzen, schälen, abspülen, abtropfen lassen und in Würfel schneiden. Knoblauch abziehen.

4 Den Backofen bei Ober-/Unterhitze auf 95 °C vorheizen.

5 Zwiebelringe, Möhrenwürfel und Knoblauch in dem Bräter im verbliebenen Bratfett unter mehrmaligem Rühren bei mittlerer Hitze anbraten. Mit Mehl bestäuben und mit einem Kochlöffel gut durchrühren, damit das Mehl das Gemüse bedeckt. Nochmals etwa 2 Minuten unter gelegentlichem Rühren weiterbraten, mit Essig und Bier ablöschen. Die Zutaten aufkochen lassen und bei mittlerer Hitze auf die Hälfte einkochen lassen. Dann den Fleisch- oder Gemüsefond hinzugießen und wieder zum Kochen bringen.

6 Anschließend den beiseitegelegten Rollbraten (mit dem Saft, der aus dem Braten herausgetreten ist) wieder in den Bräter legen. Den Bräter auf dem Rost in den vorgeheizten Backofen (unteres Drittel) schieben. Den Rollbraten **etwa 3 ½ Stunden garen,** dabei den Braten 1–2-mal wenden.

7 Den gegarten Rollbraten aus dem Backofen nehmen. Die Backofentemperatur bei auf Ober-/Unterhitze auf etwa 240 °C, bei Heißluft auf etwa 220 °C heraufschalten.

8 Von dem Rollbraten das Netz bzw. Küchengarn entfernen. Den Rollbraten auf ein Backblech (gefettet) legen.

9 Den entstandenen Bratenfond durch ein Sieb in einen Topf gießen und etwa 15 Minuten bei mittlerer Hitze leicht einkochen lassen.

10 In der Zwischenzeit den Rollbraten gleichmäßig mit der Hälfte des Senfs bestreichen und mit Semmelbröseln bestreuen. Dabei die Semmelbrösel vorsichtig andrücken. Die Panade mit hauchdünn geschnittenen Butterscheiben belegen.

11 Das Backblech in den vorgeheizten Backofen schieben. Die Panade **10–15 Minuten überbacken,** bis eine feste braune Kruste entstanden ist.

12 Den restlichen Senf mit einem Schneebesen unter den leicht eingekochten Bratenfond rühren. Nochmals mit Salz und Pfeffer abschmecken. Den Rollbraten vom Backblech nehmen, in Scheiben schneiden, auf einer vorgewärmten Platte anrichten und mit der Sauce servieren.

Lecker dazu:

Kartoffelpüree oder in Butter geschwenkte Salzkartoffeln sowie Rotkohl

Burgunderbraten

8 Portionen | Pro Portion: E: **52** g, F: **17** g, Kh: **9** g, kJ: **1838**, kcal: **438**, BE: **0,5**

- 1,8 kg Rindfleisch (aus der Keule)
- 250 g Zwiebeln
- 2 Knoblauchzehen
- 250 g Möhren
- 400 g Champignons
- 60 g getrocknete Tomaten
- 5 EL Olivenöl
- Salz
- gem. Pfeffer
- 120 g geräucherte Schinkenwürfel
- 600 ml trockener Rotwein (Burgunder)
- 1 EL Weizenmehl
- 1 EL Speisestärke

1 Den Backofen bei Ober-/Unterhitze auf 95 °C vorheizen. Rindfleisch mit Küchenpapier trocken tupfen, evtl. Sehnen und Fett entfernen.

2 Zwiebeln und Knoblauch abziehen, in kleine Würfel schneiden. Möhren putzen, schälen, abspülen, abtropfen lassen und in 1 cm dicke Scheiben schneiden. Champignons putzen, evtl. kurz abspülen und gut abtropfen lassen. Champignons vierteln. Tomaten in Stücke schneiden.

3 Olivenöl in einem Bräter erhitzen. Rindfleisch mit Salz und Pfeffer würzen und in dem erhitzten Olivenöl etwa 10 Minuten von allen Seiten gut anbraten. Nach und nach Zwiebel-, Knoblauchwürfel, Möhrenscheiben, Champignonviertel, Tomatenstücke und Schinkenwürfel hinzugeben und kurz mit anbraten. Rotwein hinzugießen und aufkochen lassen.

4 Bräter auf dem Rost in den vorgeheizten Backofen (unteres Drittel) schieben. Rinderbraten **etwa 4 ½ Stunden garen,** dabei 2–3-mal wenden.

5 Den gegarten Rinderbraten aus dem Bräter nehmen und warm stellen. Den Bratenfond kurz aufkochen lassen. Mehl und Speisestärke in etwas kaltem Wasser anrühren, in den Bratenfond rühren und unter Rühren nochmals kurz aufkochen lassen. Die Sauce mit Salz und Pfeffer abschmecken. Den Rinderbraten in Scheiben schneiden und mit der Sauce servieren.

Lecker dazu:

knuspriges Baguette, Herzoginkartoffeln oder breite Bandnudeln

Schichtbraten vom Schweinerücken

4–6 Personen | Pro Portion: E: **49** g, F: **40** g, Kh: **17** g, kJ: **2619**, kcal: **628**, BE: **1,0**

Für das Apfelrahmkraut:
1 Spitzkohl (etwa 1 kg)
250 g Zwiebeln
3 säuerliche Äpfel , z. B. Boskop
50 g Butter oder Margarine
Salz
gem. Pfeffer
300 g Crème fraîche
je ½ gestr. TL gem. Piment, Kreuzkümmel, Muskat
½ TL gerebelter Majoran
1 geh. TL rosa Pfefferbeeren

Zum Vorbereiten für den Schichtbraten:
4–5 EL Speiseöl
1 kg Schweinerücken (in dünne Scheiben geschnitten, plattiert)

1 Für das Apfelrahmkraut vom Spitzkohl die äußeren Blätter entfernen. Den Kohlkopf vierteln und den harten Strunk herausschneiden. Spitzkohlviertel fein hobeln oder mit dem Messer in sehr feine Streifen schneiden. Die Zwiebeln abziehen, halbieren und fein würfeln. Äpfel schälen, vierteln, das Kerngehäuse entfernen und in etwa ½ cm große Würfel schneiden.

2 Butter oder Margarine in einem Topf erhitzen. Zwiebelwürfel hinzufügen und unter Rühren 4–5 Minuten goldgelb dünsten. Kohlstreifen hinzufügen, ebenfalls unterrühren und 4–5 Minuten mitdünsten. Mit Salz und Pfeffer würzen.

3 Die Apfelwürfel, Crème fraîche und Gewürze, Majoran und Pfefferbeeren hinzufügen und unterrühren. Die Zutaten im geschlossenen Topf etwa 15 Minuten bei schwacher Hitze kochen lassen. Mit Salz und Pfeffer abschmecken.

4 In der Zwischenzeit zum Vorbereiten für den Schichtbraten das Öl in einer großen Pfanne erhitzen. Die plattierten Fleischscheiben darin portionsweise kurz von beiden Seiten anbraten. Mit Salz und Pfeffer würzen. Fleischscheiben auf einen Teller legen und beiseitestellen.

5 Den Backofen bei Ober-/Unterhitze auf 140 °C vorheizen.

6 Für den Schichtbraten das Apfelrahmkraut und die Fleischscheiben in einen Bratentopf oder eine passende Auflaufform schichten. Dabei mit dem Apfelkrahmkraut beginnen. So fortfahren, bis die Zutaten aufgebraucht sind. Die oberste Schicht soll aus Apfelrahmkraut bestehen.

7 Den Topf oder die Auflaufform auf dem Rost in den vorgeheizten Backofen schieben. Den Braten **20 Minuten garen.**

8 Anschließend die Temperatur auf Ober-Unterhitze: 95 °C reduzieren. Den Braten **weitere 2½–3 Stunden garen.**

Dazu passen:
Petersilienkartoffeln oder Klöße

Zubereitungszeit: **25 Minuten** | Garzeit: **55–60 Minuten**

Schweinefilet mit Kruste

4 Portionen | Pro Portion: E: **49** g, F: **44** g, Kh: **17** g, kJ: **2741**, kcal: **655**, BE: **1,5**

2 Schweinefilets (je etwa 400 g)
Salz, gem. Pfeffer
3 EL Olivenöl
8 dünne Scheiben fetter Speck (je etwa 15 g)

Für die Bröselkruste:
50 g Semmelbrösel
1 Eigelb (Größe M)
40 g Butter (zimmerwarm)
2 TL mittelscharfer Senf
20 g TK-Kräuter-Mischung

Für die Sauce:
125 ml Wasser
50 ml Balsamico-Essig
100 ml Fleischfond
4 EL Sojasauce
1 geh. TL Zucker
Paprikapulver edelsüß
2 TL Speisestärke
etwas kaltes Wasser

1 Den Backofen bei Ober-/Unterhitze auf etwa 200 °C vorheizen.

2 Die Schweinefilets mit Küchenpapier trocken tupfen, evtl. entsehnen und enthäuten. Filets mit etwas Salz und Pfeffer würzen. Olivenöl in einer Pfanne erhitzen. Die Filets darin von allen Seiten anbraten, mit den Speckscheiben belegen und nebeneinander in einen Bräter legen.

3 Für die Kruste die Semmelbrösel mit Eigelb, Butter, Senf und den gefrorenen Kräutern verrühren, mit Salz und Pfeffer würzen. Die Masse vorsichtig auf den Speckscheiben verteilen und etwas andrücken.

4 Den Bräter auf dem Rost in den vorgeheizten Backofen schieben. Die Schweinefilets **etwa 10 Minuten vorgaren.**

5 In der Zwischenzeit für die Sauce Wasser mit Essig, Fond, Sojasauce, Zucker, Paprika und Pfeffer in einem kleinen Topf verrühren und zum Kochen bringen.

6 Nach etwa 10 Minuten Garzeit die Backofentemperatur auf 95 °C herunterschalten und die Sauce neben den Schweinefilets in dem Bräter verteilen. Die Schweinefilets **noch weitere 45–50 Minuten garen.**

7 Die gegarten Schweinefilets vorsichtig aus dem Bräter nehmen. Die Bratensauce etwas einkochen lassen. Speisestärke mit Wasser anrühren, in die Sauce rühren und unter Rühren aufkochen lassen. Die Sauce evtl. nochmals mit den Gewürzen abschmecken.

8 Die Schweinefilets in Scheiben schneiden und mit der Sauce servieren.

Lecker dazu:
angebratener Spitz- oder Chinakohl

Mariniertes Rindfleisch

4 Portionen | Pro Portion: E: **60** g, F: **30** g, Kh: **16** g, kJ: **2583**, kcal: **617**, BE: **1,0**

1 kg Rindfleisch (aus der Hüfte)
1 Zwiebel
1 Knoblauchzehe
Salz, gem. Pfeffer
3 Lorbeerblätter
7 Gewürznelken
1 EL mittelscharfer Senf
1 EL Tomatenmark

½ TL gem. Zimt
1 TL gerebelter Oregano
300 ml Rotwein

40 ml Olivenöl
200 ml heiße Fleischbrühe
60 g Schinkenwürfel (aus dem Kühlregal)

1 Stange Porree (Lauch)
600 g Möhren
400 g Knollensellerie
etwa 30 ml Wasser
60 g Butter
Zucker

einige Stängel Oregano

1 Rindfleisch mit Küchenpapier trocken tupfen und in eine ausreichend große Schale legen. Zwiebel und Knoblauch abziehen, in kleine Würfel schneiden. Zwiebel- und Knoblauchwürfel mischen, auf dem Rindfleisch verteilen. Mit Salz und Pfeffer würzen. Lorbeerblätter und Gewürznelken hinzugeben.

2 Senf, Tomatenmark, Zimt und Oregano mit dem Rotwein verrühren. Das Fleisch mit der Marinade übergießen und zugedeckt im Kühlschrank über Nacht marinieren.

3 Den Backofen bei Ober-/Unterhitze auf 95 °C vorheizen.

4 Das Rindfleisch aus der Marinade nehmen und gut abtropfen lassen. Olivenöl in einem großen Bräter erhitzen. Das Rindfleisch darin 5–6 Minuten von allen Seiten anbraten. Die Marinade hinzugeben und aufkochen lassen.

5 Den Bräter auf dem Rost in den vorgeheizten Backofen (unteres Drittel) schieben. Das Rindfleisch **etwa 2 Stunden garen.** Dabei das Fleisch 2–3-mal wenden. Dann Fleischbrühe und Schinkenwürfel hinzugeben und das Rindfleisch **weitere etwa 2 Stunden garen.**

6 30 Minuten vor dem Ende der Garzeit Porree putzen, die Stange längs halbieren, gründlich waschen, abtropfen lassen und in etwa 2 cm dicke Streifen schneiden. Möhren und Sellerie putzen, schälen, abspülen, abtropfen lassen, in etwa 1 cm große Würfel schneiden. Die Butter in einem Topf zerlassen. Möhren- und Selleriewürfel darin andünsten. Wasser hinzugeben und zum Kochen bringen, mit Salz und Zucker würzen. Die Möhren- und Selleriewürfel etwa 8 Minuten dünsten. Porreestreifen hinzugeben und weitere etwa 2 Minuten mitdünsten.

7 Den Bräter aus dem Backofen nehmen. Das gegarte Rindfleisch herausnehmen und in Scheiben schneiden. Die Lorbeerblätter aus der Sauce entfernen. Die Fleischscheiben wieder in die Sauce legen und mit dem Möhren-Sellerie-Gemüse servieren. Nach Belieben mit abgespülten, trocken getupften Oreganostängeln garnieren.

Dazu passen:
Knusprig-rustikales Baguette oder Bouillon-Kartoffeln

Lamm & Wild

Probieren Sie doch einfach mal was Neues aus! Zum Beispiel Mufflonkarree mit Hagebuttensauce, Maibockrückenfilet unter einer Kräuterhaube oder Schichtbraten „Marrakesch“.

Das duftet wunderbar und sorgt für ganz aromatische Geschmackserlebnisse.

Zubereitungszeit: **60 Minuten, ohne Abkühl- und Ruhezeit** | Garzeit: etwa **3½ Stunden**

Hirsch-Schichtbraten

4–6 Portionen | Pro Portion: E: **62** g, F: **62**, Kh: **12**, kJ: **3616**, kcal: **865**, BE: **1,0**

Für die Gemüsefüllung:
1 großes Bund Suppengrün (Möhre, Sellerie, Porree)
½ Bund Petersilie
400 g Wirsing
50 g Butter oder Margarine
150 g Zwiebelwürfel
1 EL Tomatenmark
100 ml Weißwein
100 ml Gemüse- oder Wildfond
100 g Schlagsahne
1 Msp. gem. Piment
1 Msp. gem. Muskatnuss
2 EL Wildpreiselbeeren (aus dem Glas)
Salz, Pfeffer

Für den Schichtbraten:
200 g dünn geschnittener Frühstücksspeck
1 kg Hirschfleisch aus der Keule (z. B. Nuss, in dünne Scheiben geschnitten und plattiert)
500 g grobes Bratwurstbrät

etwas Fett

1 Für die Gemüsefüllung das Suppengrün putzen, abspülen, abtropfen lassen und in kleine Stücke schneiden. Petersilie abspülen und trocken tupfen. Die Blättchen von den Stängeln zupfen und klein schneiden. Die Wirsingblätter vom Strunk lösen. Die Blätter abspülen, gut abtropfen lassen, dicke Mittelrippen entfernen und den Wirsing in feine Streifen schneiden.

2 Butter oder Margarine in einer Pfanne erhitzen. Zwiebelwürfel hinzufügen und unter Rühren 4–5 Minuten goldgelb dünsten. Zunächst das vorbereitete Suppengemüse hinzufügen und unter Rühren 2–3 Minuten mitdünsten. Anschließend die Wirsingstreifen unterrühren und 3–4 Minuten mitdünsten. Tomatenmark gleichmäßig unterrühren. Weißwein und Fond hinzufügen. Die Zutaten etwa 5 Minuten bei mittlerer Hitze kochen lassen.

3 Sahne, Piment, Muskatnuss, Preiselbeeren und Petersilie hinzufügen, unterrühren und nochmals 4–5 Minuten bei schwacher Hitze kochen lassen. Mit Salz und Pfeffer abschmecken. Gemüsefüllung in zwei Portionen teilen und lauwarm abkühlen lassen.

4 Den Backofen bei Ober-/Unterhitze auf etwa 180 °C vorheizen.

5 Für den Schichtbraten in der Zwischenzeit eine Kastenform (unbeschichtet, gefettet) mit den Speckscheiben auslegen. Dabei in der Mitte der Form beginnen und die Speckscheiben von innen nach außen legen. Sie sollen den Rand der Form überlappen, sodass die mit dem Schichtbraten gefüllte Form mit den überhängenden Speckscheiben zugedeckt werden kann. Die Fleischscheiben kräftig mit Salz und Pfeffer würzen. Zum Einschichten eine Gemüseportion mit dem Bratwurstbrät gut vermengen.

6 Eine Lage Fleischscheiben in die Form legen. Anschließend eine etwa 1 cm dicke Schicht der Gemüse-Brät-Mischung darauflegen. So fortfahren, bis die Zutaten aufgebraucht sind. Die oberste Schicht soll aus Fleischscheiben bestehen. Zum Schluss die Speckscheiben zur Mitte hin über die Fleischscheiben klappen und etwas andrücken.

7 Die Form auf dem Rost in den vorgeheizten Backofen schieben und **etwa 15 Minuten garen.** Anschließend die Backofentemperatur auf Ober-/Unterhitze: 95 °C reduzieren. Den Braten **weitere etwa 3 ¼ Stunden garen.**

8 Die Form mit dem Braten aus dem Backofen nehmen. Den Backofen auf Ober-/Unterhitze: 180 °C vorheizen.

9 Die zweite Gemüseportion in eine flache Auflaufform geben und gleichmäßig darin verteilen. Den Schichtbraten vorsichtig daraufstürzen. Die Auflaufform auf dem Rost in den vorgeheizten Backofen schieben und den Braten mit dem Gemüse **weitere etwa 15 Minuten garen.** Der Braten soll leicht bräunen. Den geschichteten Hirschbraten etwa 10 Minuten stehen lassen. Das Gemüse warm halten. Den Braten vorsichtig auf eine Platte umsetzen und in Scheiben schneiden. Das Gemüse in einer Schüssel dazureichen.

Hirschrückenfilet mit Nusskruste

4 Portionen | Pro Portion: E: **46** g, F: **40** g, Kh: **11** g, kJ: **2631**, kcal: **628**, BE: **1,0**

750 g Hirschrückenfilet
Salz, gem. Pfeffer
30 g Butterschmalz

Für die Haselnusskruste:
30 g Butterschmalz (zimmerwarm)
100 g gem. Haselnusskerne
1 Prise Zucker
2 Eigelb (Größe M)
1–2 EL Semmelbrösel
Salz, grober bunter Pfeffer
3 EL klein geschnittene Kräuter (Petersilie, Thymian, Rosmarin)

Für die Sauce:
250 ml Wildfond
100 ml Rotwein
5 Wacholderbeeren
1 geh. EL Weizenmehl
2 EL kaltes Wasser
2 EL Cognac
3 EL Portwein

1 Den Backofen bei Ober-/Unterhitze auf 95 °C vorheizen. Einen feuerfesten Teller oder eine Auflaufform auf dem Rost (unteres Drittel) miterwärmen.

2 Hirschrückenfilet mit Küchenpapier trocken tupfen, evtl. enthäuten. Filet mit Salz und Pfeffer würzen.

3 Butterschmalz in einer Pfanne zerlassen. Hirschrückenfilet darin 4–5 Minuten von allen Seiten gut anbraten, herausnehmen und auf dem vorgewärmten Teller oder in der Auflaufform in den vorgeheizten Backofen (unteres Drittel) schieben. Hirschrückenfilet **etwa 55 Minuten garen.** Die Pfanne mit dem Bratensatz beiseitestellen.

4 In der Zwischenzeit für die Haselnusskruste Butterschmalz schaumig rühren. Haselnusskerne, Zucker und Eigelb unterrühren. Von den Semmelbröseln nur so viel unterrühren, dass eine streichfähige Masse entsteht. Die Masse mit Salz und Pfeffer würzen, Kräuter unterrühren.

5 Für die Sauce die beiseitegestellte Pfanne mit dem Bratensatz erhitzen. Den Wildfond und Rotwein unterrühren, Wacholderbeeren hinzufügen. Die Sauce zum Kochen bringen und etwas einkochen lassen.

6 Mehl mit Wasser anrühren, in die Sauce rühren und unter Rühren zum Kochen bringen. Die Sauce etwa 5 Minuten kochen lassen, dann mit Cognac, Portwein, Salz und Pfeffer abschmecken. Die Sauce warm stellen.

7 Das gegarte Hirschrückenfilet aus dem Backofen nehmen. Den Backofengrill auf etwa 240 °C einschalten.

8 Das Hirschrückenfilet mit der Haselnussmasse bestreichen. Masse andrücken und das Filet auf ein Backblech legen. Das Backblech unter den vorgeheizten Backofengrill schieben. Das Hirschrückenfilet **etwa 5 Minuten knusprig braun überbacken.**

9 Das überbackene Hirschrückenfilet etwa 5 Minuten ruhen lassen, dann in Scheiben schneiden und mit der Sauce servieren.

Dazu schmecken:
Spätzle und feines Buttergemüse

Lammhackbraten auf dem Gemüsebett

4 Portionen | Pro Portion: E: **42** g, F: **38** g, Kh: **16** g, kJ: **2394**, kcal: **572**, BE: **1,0**

3 Scheiben Toastbrot (etwa 75 g)
100 g Schafskäse
2 Knoblauchzehen
650 g Lammgehacktes
3 Eier (Größe M)
Salz, gem. Pfeffer

Für das Gemüsebett:
etwa 200 g Frühlingszwiebeln
3–4 Tomaten (etwa 300 g)
1–2 Knoblauchzehen

140 g abgetropfte grüne, mit Paprika gefüllte Oliven (aus dem Glas)

2 EL Olivenöl

1 Die Toastbrotscheiben in kaltem Wasser einweichen. Schafskäse in kleine Würfel schneiden. Knoblauch abziehen und durch eine Knoblauchpresse drücken oder in kleine Würfel schneiden. Eingeweichte Brotscheiben gut ausdrücken.

2 Lammgehacktes in eine Schüssel geben. Käsewürfel, Knoblauch, Brotscheiben und Eier hinzugeben. Die Zutaten gut vermengen, mit Salz und Pfeffer würzen. Die Hackfleischmasse halbieren und mit angefeuchteten Händen jeweils zu einem ovalen Laib formen.

3 Für das Gemüsebett Frühlingszwiebeln putzen, abspülen, abtropfen lassen und in kleine Stücke schneiden. Tomaten abspülen, trocken tupfen, vierteln und die Stängelansätze herausschneiden. Tomatenviertel in kleine Stücke schneiden. Knoblauch abziehen und in kleine Würfel schneiden. Die vorbereiteten Gemüsezutaten mit den Oliven in einer Schüssel mischen, mit Salz und Pfeffer würzen.

4 Den Backofen bei Ober-/Unterhitze auf 95 °C vorheizen.

5 Öl in einem Bräter erhitzen. Die Fleischlaibe darin 3–4 Minuten von allen Seiten anbraten, herausnehmen und beiseitelegen. Die Gemüsemischung zum verbliebenen Bratfett in den Bräter geben und 2–3 Minuten unter gelegentlichem Rühren andünsten. Die beiseitegelegten Fleischlaibe auf das Gemüse legen.

6 Bräter auf dem Rost in den vorgeheizten Backofen (unteres Drittel) schieben. Die Lammhackbraten auf dem Gemüsebett **etwa 90 Minuten garen.**

7 Die gegarten Lammhackbraten aus dem Bräter nehmen, in Scheiben schneiden und mit Gemüse anrichten.

Lecker dazu:
Ofenfrisches Baguette und Zaziki

Tipp: Im Sommer schmeckt das Gericht auch kalt sehr gut.

Wildschweinkeule

4 Portionen | Pro Portion: E: **64** g, F: **41** g, Kh: **7** g, kJ: **2732**, kcal: **653**, BE: **0,5**

- 60 g Zwiebeln
- 3 Stangen Staudensellerie
- 500 g braune Champignons
- 50 g abgetropfte getrocknete Tomaten in Öl

- 1 Wildschweinkeule (ohne Knochen, 1–1,2 kg)
- Salz, gem. Pfeffer
- 2 EL Olivenöl
- 50 g gewürfelter Katenschinken (aus dem Kühlregal)

- 250 ml Fleischbrühe
- 100 g Crème fraîche

Außerdem:
Küchengarn

1 Zwiebel abziehen und in grobe Würfel schneiden. Staudensellerie putzen und die harten Außenfäden abziehen. Selleriestangen abspülen, abtropfen lassen, in etwa 1 cm große Stücke schneiden. Champignons putzen, evtl. kurz abspülen, gut abtropfen lassen und halbieren. Die Tomaten in feine Streifen schneiden.

2 Den Backofen bei Ober-/Unterhitze auf 95 °C vorheizen.

3 Wildschweinkeule mit Küchenpapier trocken tupfen, evtl. von Fett und Sehnen befreien, das Fleisch mit Küchengarn zu einem Rollbraten verschnüren. Rollbraten mit Salz und Pfeffer einreiben.

4 Olivenöl in einem Bräter erhitzen. Den Rollbraten darin 5–6 Minuten von allen Seiten anbraten. Zwiebelwürfel, Selleriestücke, Schinkenwürfel und Champignonhälften evtl. portionsweise hinzufügen und 3–4 Minuten unter Rühren mitbraten lassen. Tomatenstreifen hinzugeben und die Fleischbrühe hinzugießen. Die Zutaten aufkochen lassen.

5 Den Bräter auf dem Rost in den vorgeheizten Backofen (unteres Drittel) schieben. Den Rollbraten **etwa 4½ Stunden garen,** dabei den Braten 2–3-mal wenden.

6 Den gegarten Rollbraten aus dem Backofen nehmen und warm stellen. Die Sauce mit der Gemüse-Schinken-Mischung kurz aufkochen lassen, Crème fraîche unterrühren.

7 Rollbraten (Küchengarn entfernen) in Scheiben schneiden. Evtl. ausgetretenen Fleischsaft unter das Gemüse rühren. Die Wildschweinkeule mit dem Gemüse anrichten und servieren.

Lecker dazu: Semmelknödel und Pfifferlinge in Rahmsauce oder Kartoffel-Sellerie-Püree

Tipp: Reste vom Braten schmecken, dünn aufgeschnitten, als Brotbelag ausgezeichnet. Bestreichen Sie die Brotscheiben vor dem Belegen mit 1 Teelöffel Sahnemeerrettich.

Hasenfilets mit Mairübchengemüse

4 Portionen | Pro Portion: E: g, F: **17** g, Kh: **13** g, kJ: **1440**, kcal: **345**, BE: **1,0**

600 g Hasenrückenfilets
2 Zwiebeln
2 EL Speiseöl
Salz, gem. Pfeffer
1–2 TL gerebelter Rosmarin oder Thymian

250 ml Gemüse- oder Fleischbrühe

600 g Mairübchen
1 EL Butter
25 ml Gemüsebrühe

1 EL klein geschnittene Petersilie

1 EL Tomatenmark
1 EL Crème double
1–2 TL Wildpreiselbeeren (aus dem Glas)

1 Den Backofen bei Ober-/Unterhitze auf 95 °C vorheizen.

2 Die Hasenrückenfilets mit Küchenpapier trocken tupfen, evtl. enthäuten. Die Zwiebeln abziehen und in Würfel schneiden.

3 Speiseöl in einem Bräter erhitzen. Die Filets darin 3–4 Minuten von allen Seiten anbraten, mit Salz, Pfeffer und Rosmarin oder Thymian würzen. Zwiebelwürfel mit der Brühe zu den Filets in den Bräter geben und aufkochen lassen.

4 Den Bräter auf dem Rost in den vorgeheizten Backofen (unteres Drittel) schieben. Die Hasenrückenfilets **35–40 Minuten garen.**

5 In der Zwischenzeit Mairübchen putzen, schälen, abspülen, abtropfen lassen und in Stifte schneiden. Die Butter in einer Pfanne zerlassen. Die Mairübchenstifte darin unter Rühren andünsten, Gemüsebrühe hinzugeben. Die Mairübchenstifte zugedeckt etwa 5 Minuten garen, mit Salz und Pfeffer würzen, Petersilie unterrühren.

6 Die gegarten Hasenrückenfilets aus dem Bräter nehmen und warm stellen.

7 Den Bratenfond mit den Zwiebeln pürieren. Tomatenmark und Crème double unterrühren. Die Sauce mit Salz, Pfeffer und Wildpreiselbeeren abschmecken.

8 Die Filets in Scheiben schneiden. Evtl. ausgetretenen Fleischsaft unter die Sauce rühren. Hasenfilets mit der Sauce und dem Mairübchengemüse anrichten und servieren.

Dazu schmecken: Spätzle, Kroketten oder kleine Rosmarinkartoffeln

Tipp: Bekommen Sie keine Mairübchen, können Sie jungen Kohlrabi verwenden.

Zubereitungszeit: **70 Minuten** | Garzeit Mufflonkarree: etwa **45 Minuten**

Mufflonkarree mit Hagebuttensauce

4 Portionen | Pro Portion: E: **44** g, F: **27** g, Kh: **13** g, kJ: **1985**, kcal: **474**, BE: **1,0**

1–1,2 kg küchenfertiges Mufflonkarree
Salz, gem. Pfeffer
½ TL gerebelter Thymian
3–4 Knoblauchzehen
2 EL Olivenöl

Für die Sauce:
1 Schalotte
1 Knoblauchzehe
1 EL Olivenöl
75 g TK-Suppengrün
je 3 Stängel Thymian und Rosmarin
100 ml Wasser
400 ml Lammfond

3 zerdrückte Wacholderbeeren
3 Pimentkörner
1 Sternanis
1 Lorbeerblatt

etwa 2 EL Hagebuttenkonfitüre oder Hagebuttenmark (Hiffenmark)
1 TL Speisestärke

1 Den Backofen bei Ober-/Unterhitze auf 95 °C vorheizen.

2 Das Mufflonkarree abspülen, mit Küchenpapier trocken tupfen, evtl. enthäuten. Das Karree mit Salz, Pfeffer und Thymian würzen. Knoblauch abziehen und in dünne Scheiben schneiden.

3 Olivenöl in einer Pfanne erhitzen. Das Mufflonkarree darin 4–5 Minuten von allen Seiten anbraten. Knoblauchscheiben hinzufügen und 1–2 Minuten mitbraten. Mufflonkarree aus der Pfanne nehmen und in eine Auflaufform geben. Knoblauchscheiben auf das Lammkarree legen. Die Pfanne mit dem Bratensatz beiseitestellen.

4 Die Form auf dem Rost in den vorgeheizten Backofen (unteres Drittel) schieben. Das Mufflonkarree **etwa 45 Minuten garen.**

5 Für die Sauce Schalotte und Knoblauch abziehen, fein würfeln. Das Olivenöl in einem Topf erhitzen. Schalotten- und Knoblauchwürfel darin andünsten. Gefrorenes Suppengrün hinzugeben und unter Rühren kurz mitdünsten.

6 Die Kräuterstängel abspülen und abtropfen lassen. Wasser und Fond zum angedünsteten Suppengrün in den Topf gießen. Wacholderbeeren, Pimentkörner, Sternanis, Lorbeerblatt und je 1 Stängel Thymian und Rosmarin hinzugeben, mit Salz und Pfeffer würzen. Die Zutaten zum Kochen bringen und etwa 30 Minuten kochen lassen.

7 Den Saucenfond durch ein Sieb in einen Topf gießen. Nach Belieben das mitgegarte Gemüse durch das Sieb in den Fond streichen.

8 Den Saucenfond (es sollten etwa 300 ml sein, evtl. mit Wasser auffüllen) in der beiseitegestellten Pfanne mit dem Bratensatz zum Kochen bringen, Hagebuttenkonfitüre oder -mark unterrühren.

9 Speisestärke mit etwas Wasser anrühren, in die Sauce rühren und unter Rühren aufkochen lassen, mit Salz und Pfeffer abschmecken.

10 Das gegarte Mufflonkarree aus dem Backofen nehmen. Mufflonkarree in Portionstücke schneiden. Auf vorgewärmten Tellern zusammen mit der Hagenbuttensauce anrichten. Mit den restlichen Thymian- und Rosmarinstängeln garnieren.

Dazu schmecken: kleine, in Olivenöl gebratene und mit Rosmarin bestreute Kartoffeln

Zubereitungszeit: **30 Minuten** | Garzeit Lammkeulenscheiben: etwa **3 Stunden**

Orientalische Lammkeulenscheiben

4 Portionen | Pro Portion: E: **45** g, F: **21** g, Kh: **30** g, kJ: **2083**, kcal: **496**, BE: **1,5**

4 Lammkeulenscheiben (je etwa 200 g, mit Knochen)
2 Gemüsezwiebeln
3 EL Olivenöl
Salz, gem. Pfeffer

2 Fleischtomaten
1 Aubergine
250 g Kürbisfruchtfleisch
2 Knoblauchzehen
2 EL Olivenöl

400 g abgetropfte weiße Bohnen (aus der Dose)
1 EL Tomatenmark
200 ml Lammfond
gerebelter Thymian

1 Lammscheiben kurz unter fließendem kalten Wasser abspülen und trocken tupfen. Gemüsezwiebeln abziehen, halbieren und in Scheiben schneiden.

2 Den Backofen bei Ober-/Unterhitze auf 95 °C vorheizen.

3 Olivenöl in einem Bräter erhitzen, die Lammscheiben evtl. portionsweise darin von beiden Seiten etwa 6 Minuten gut anbraten, mit Salz und Pfeffer würzen. Die Lammscheiben aus dem Bräter nehmen und warm stellen.

4 Einen Esslöffel Olivenöl zum verbliebenen Bratfett in den Bräter geben und erhitzen. Die Hälfte der Zwiebelscheiben darin unter Rühren andünsten. Die angebratenen Lammscheiben auf den Zwiebelscheiben in den Bräter legen. Den Bräter auf dem Rost in den vorgeheizten Backofen schieben. Die Lammscheiben mit den Zwiebelscheiben **etwa 3 Stunden garen.**

5 Etwa 60 Minuten vor Ende der Garzeit Tomaten und Aubergine abspülen, abtrocknen und die Stängelansätze herausschneiden. Tomaten, Aubergine und Kürbisfruchtfleisch in Würfel schneiden. Knoblauch abziehen und zerdrücken oder durch eine Knoblauchpresse drücken.

6 Olivenöl in einer großen Pfanne erhitzen. Die restlichen Zwiebelscheiben darin anbraten, Tomaten-, Auberginen-, Kürbiswürfel und Bohnen hinzufügen, mit Thymian würzen und unter Wenden mitbraten lassen. Tomatenmark und Lammfond unterrühren, mit Salz und Pfeffer würzen. Das Ganze zum Kochen bringen und zugedeckt etwa 30 Minuten garen, dabei 2–3-mal umrühren.

7 Die gegarten Lammscheiben und Zwiebeln aus dem Bräter nehmen. Die Zwiebeln unter die Gemüsemischung geben. Die Lammscheiben mit der Gemüsemischung anrichten und sofort servieren.

Dazu schmeckt: Fladenbrot oder würzig-knuspriges Kartoffelgratin

Tipp: Nach Belieben zusätzlich etwas Joghurt (10 % Fett) unter die Gemüsemischung rühren.

Zubereitungszeit: **30 Minuten** | Garzeit: etwa **4 Stunden**

Rehkeulenbraten

4 Portionen | Pro Portion: E: **63** g, F: **24** g, Kh: **37** g, kJ: **2598**, kcal: **621**, BE: **3,0**

900 g Rehkeule oder -schulter (ohne Knochen)
Salz, gem. Pfeffer
1 kleiner Zweig Lorbeer
einige Wacholderbeeren
4 große Scheiben Parmaschinken (etwa 100 g)

2 Äpfel, z. B. Boskop (etwa 400 g)
100 g frische Johannisbeeren oder 80 g Johannisbeerkonfitüre
500 g festkochende Kartoffeln
60 g gestiftelte Mandeln

2 EL Rapsöl

350 ml Fleischbrühe oder Wildfond

evtl. einige Johannisbeerrispen

Außerdem:
Küchengarn

1 Das Rehfleisch mit Küchenpapier trocken tupfen, evtl. enthäuten und entsehnen, mit Salz und Pfeffer würzen. Lorbeerzweig abspülen und trocken tupfen. Wacholderbeeren zerdrücken. Lorbeerzweig und Wacholderbeeren auf dem Fleisch verteilen. Das Fleisch aufrollen und den Parmaschinken darumlegen (umhüllen). Mit Küchengarn zu einem Rollbraten zusammenbinden.

2 Äpfel waschen, abtrocknen, vierteln und entkernen. Die Apfelviertel mit der Schale nochmals quer halbieren. Johannisbeeren abspülen, abtropfen lassen und entstielen. Kartoffeln schälen, abspülen, abtropfen lassen und in grobe Würfel schneiden.

3 Den Backofen bei Ober-/Unterhitze auf 95 °C vorheizen.

4 Apfelstücke, die Hälfte der Johannisbeeren oder die komplette Konfitüre und Kartoffelwürfel in einer Schüssel mischen. Mandeln hinzufügen, mit Salz und Pfeffer würzen.

5 Den Rollbraten mit etwas Salz und Pfeffer würzen. Rapsöl in einem Bräter erhitzen. Den Rollbraten darin 5–6 Minuten von allen Seiten anbraten, herausnehmen und kurz beiseitelegen.

6 Die Kartoffel-Apfel-Mischung in den Bräter geben und in dem erhitzten Rapsöl 2–3 Minuten unter Rühren andünsten. Brühe oder Fond hinzugießen und zum Kochen bringen. Den beiseitegelegten Rollbraten auf die Kartoffel-Apfel-Mischung in den Bräter legen.

7 Den Bräter auf dem Rost in den vorgeheizten Backofen (unteres Drittel) schieben. Den Rollbraten **etwa 4 Stunden garen.**

8 Den gegarten Rollbraten aus dem Backofen nehmen, Küchengarn entfernen. Den Rollbraten in Scheiben schneiden und mit der Kartoffel-Apfel-Mischung auf Tellern anrichten. Mit den restlichen abgespülten, trocken getupften Johannisbeerrispen garnieren.

Tipp: Falls Sie aufgrund der Jahreszeit keine frische Rehkeule bekommen, können Sie auf eine TK-Rehkeule zurückgreifen.

Türkisches Würzfleisch

4 Portionen | Pro Portion: E: **39** g, F: **28** g, Kh: **30** g, kJ: **2236**, kcal: **533**, BE: **2,0**

- 4 Lammkeulenscheiben (je etwa 200 g, mit Knochen)
- 2 Gemüsezwiebeln
- 5 EL Olivenöl

- Salz
- gem. Pfeffer

- 750 g mittelgroße Kartoffeln

- 3 EL Olivenöl
- 1 EL Tomatenmark
- 200 ml Lammfond oder Fleischbrühe

1 Lammscheiben kurz unter fließendem kalten Wasser abspülen und trocken tupfen. Die Gemüsezwiebeln abziehen, halbieren und in Scheiben schneiden.

2 Den Backofen bei Ober-/Unterhitze auf 95 °C vorheizen.

3 2 Esslöffel von dem Öl in einem großen Bräter erhitzen, die Lammscheiben evtl. portionsweise darin von beiden Seiten etwa 6 Minuten gut anbraten, mit Salz und Pfeffer würzen. Die Lammscheiben aus dem Bräter nehmen und warm stellen.

4 Restliches Öl in dem Bräter erhitzen. Die Hälfte der Zwiebelscheiben darin unter Rühren andünsten. Die angebratenen Lammscheiben auf den Zwiebelscheiben in den Bräter legen. Den Bräter auf dem Rost in den vorgeheizten Backofen schieben. Die Lammscheiben mit den Zwiebelscheiben **etwa 3 Stunden garen.**

5 Etwa 40 Minuten vor Ende der Garzeit der Lammkeulenscheiben die Kartoffeln schälen, abspülen, abtropfen lassen und längs vierteln. Öl in einer großen Pfanne erhitzen. Die restlichen Zwiebelscheiben darin anbraten, Kartoffelspalten hinzufügen und unter Wenden mitbraten lassen.

6 Tomatenmark und Lammfond oder Fleischbrühe unterrühren, zum Kochen bringen und zugedeckt etwa 20 Minuten garen, dabei 2–3-mal umrühren.

7 Die Form aus dem Backofen nehmen. Die Lammscheiben auf eine Platte geben und warm stellen. Die Kartoffel-Zwiebel-Mischung in die Form geben und die Zutaten vorsichtig mischen. Die Lammscheiben wieder auf das Gemüse in die Form geben und sofort servieren.

Lecker dazu:

Servieren Sie zum Würzfleisch stilecht Ayran (türkisches Joghurtgetränk) und Fladenbrot. Wenn sie es gern „zitronig" mögen, beträufeln Sie das fertige Gericht mit etwas Zitronensaft. Das schmeckt besonders im Sommer sehr lecker.

Schichtbraten „Marrakesch“

4–6 Portionen | Pro Portion: E: **55** g, F: **30** g, Kh: **24**, kJ: **2459**, kcal: **587**, BE: **2,0**

Zum Vorbereiten für die Füllung:
150 g Bulgur
300 ml Gemüsebrühe oder Lamm-/Fleischfond
Salz
50 g Pinienkerne
1 Aubergine (etwa 300 g)
Pfeffer
2–3 EL Olivenöl

Für den Schichtbraten:
1,2 kg dünne Lammkeulenscheiben (ohne Knochen)
25 g Harissa
3 Stängel Minze
1 gestr. TL Ras el Hanout (orientalische Gewürzmischung)

Zum Beträufeln:
3 EL Olivenöl

Für die Form:
etwas Fett

1 Zum Vorbereiten für die Füllung den Bulgur mit Gemüsebrühe, Lamm- oder Fleischfond in einen Topf geben und kurz aufkochen. Den Bulgur 4–5 Minuten zugedeckt bei schwacher Hitze kochen lassen, mit Salz würzen und lauwarm erkalten lassen.

2 Pinienkerne in einer Pfanne ohne zusätzliches Fett unter ständigem Rühren rösten. Auf einen Teller geben und erkalten lassen.

3 Den Backofengrill auf etwa 240 °C vorheizen.

4 Aubergine abspülen, abtrocknen, den Stielansatz abschneiden und in etwa ½ cm breite Scheiben schneiden. Auberginenscheiben auf ein Backblech legen, mit Salz und Pfeffer würzen und mit Olivenöl beträufeln. Das Backblech unter den vorgeheizten Backofengrill schieben und die Auberginenscheiben **10–12 Minuten grillen.** Anschließend die Auberginenscheiben auf eine Platte geben und erkalten lassen.

5 In der Zwischenzeit für den Schichtbraten die Lammkeulenscheiben abspülen, mit Küchenpapier trocken tupfen und plattieren. Das Fleisch dünn mit Harissa bestreichen, mit Salz und Pfeffer würzen. Minze abspülen, trocken tupfen und die Blättchen von den Stängeln zupfen. Blättchen klein schneiden.

6 Den Backofen bei Ober-/Unterhitze auf 95 °C vorheizen.

7 Bulgur mit Pinienkernen, Ras el Hanout und Minze in eine Schüssel geben und vermischen. Mit Salz und Pfeffer würzen.

8 Die Zutaten in eine Kastenform (30 cm, nicht beschichtet, gefettet) schichten. Zuerst eine Schicht Fleischscheiben, dann Auberginenscheiben, dann eine Schicht Bulgur. So fortfahren, bis die Zutaten aufgebraucht sind. Die letzte Schicht sollte aus Bulgur bestehen. Das Olivenöl daraufträufeln.

9 Die Form auf dem Rost in den vorgeheizten Backofen schieben. Schichtbraten „Marrakesch“ **etwa 3 Stunden garen.**

10 Den Braten in der Form in etwa 2 cm breite Scheiben schneiden. Scheiben vorsichtig mithilfe eines Pfannenwenders auf gut vorgewärmten Tellern anrichten. Etwas vom Sud aus der Form daraufgeben.

Lecker dazu:

Knuspriges Pitabrot und erfrischender Joghurt-Dip. Dafür 250 g Joghurt (10 % Fett) mit 2 Esslöffeln Zitronensaft, einer Knoblauchzehe (abgezogen, durch eine Knoblauchpresse gedrückt), Salz und Pfeffer verrühren. Nach Belieben mit wenig Ras el Hanout bestreuen.

Lammschulter mit Bohnen-Oliven-Gemüse

4 Portionen | Pro Portion: E: **48** g, F: **25** g, Kh: **24** g, kJ: **2150**, kcal: **512**, BE: **2,0**

800 g Lammschulter (ohne Knochen, beim Metzger vorbestellen)
1 EL abgetropfte grüne Pfefferkörner (in Lake)
1 EL Estragon-Senf
2 Stängel Rosmarin
Salz, gem. Pfeffer
2 EL Olivenöl

250 ml Fleischbrühe
2 Möhren (etwa 250 g)
500 g dicke weiße Bohnen (aus dem Glas)
125 g abgetropfte grüne Oliven, mit Mandeln gefüllt (aus dem Glas)
2 Knoblauchzehen

evtl. einige Rosmarinnadeln oder Estragonstängel
1 EL abgetropfte, gehackte grüne Pfefferkörner (in Lake)

Außerdem:
Küchengarn

1 Den Backofen bei Ober-/Unterhitze auf 95 °C vorheizen.

2 Die Lammschulter mit Küchenpapier trocken tupfen. Grüne Pfefferkörner mit einer Gabel zu einer groben Paste zerdrücken. Estragonsenf unterrühren. Rosmarin abspülen und trocken tupfen.

3 Die Lammschulter mit der Pfefferpaste bestreichen, mit Salz würzen und mit Rosmarinstängeln belegen. Die Lammschulter zu einem Rollbraten aufrollen und mit Küchengarn verschnüren. Den Rollbraten mit Salz und Pfeffer würzen.

4 Olivenöl in einem Bräter erhitzen. Den Rollbraten darin etwa 10 Minuten von allen Seiten gut anbraten. Die Fleischbrühe hinzufügen und aufkochen lassen.

5 Den Bräter auf dem Rost in den vorgeheizten Backofen (unteres Drittel) schieben. Den Lammrollbraten **etwa 3 Stunden garen,** dabei den Braten 2–3-mal wenden.

6 Die Möhren putzen, schälen, abspülen, abtropfen lassen und in Würfel schneiden. Möhren, die Bohnen mit der Flüssigkeit und die gefüllten Oliven in einer Schüssel mischen. Knoblauch abziehen, klein schneiden und hinzugeben. Das Gemüse mit Salz und Pfeffer würzen.

7 Die Möhren-Bohnen-Oliven-Mischung zum Rollbraten in den Bräter geben und den Rollbraten mit dem Gemüse **weitere etwa 2 Stunden garen.**

8 Den gegarten Rollbraten aus dem Bräter nehmen und das Küchengarn entfernen. Den Rollbraten in Scheiben schneiden und mit dem Gemüse anrichten.

9 Das Gericht nach Belieben mit abgespülten, trocken getupften Kräuternadeln und -stängeln und gehacktem grünen Pfeffer garnieren.

Dazu schmeckt:
Kartoffelgratin

Zubereitungszeit: **60 Minuten, ohne Ruhezeit** | Garzeit Rückenfilet: etwa **50 Minuten**

Maibockrückenfilet unter einer Kräuterhaube

4–6 Portionen | Pro Portion: E: **40** g, F: **26** g, Kh: **12** g, kJ: **1858**, kcal: **444**, BE: **0,5**

800 g Maibockrückenfilet
Salz, gem. Pfeffer
2 EL Olivenöl

Für die Kräuterhaube:
75 g Butter (zimmerwarm)
4–5 EL gemischte klein geschnittene Kräuter (z. B. Thymian, Rosmarin, Petersilie, Schnittlauch)
3 EL Semmelbrösel

Für den Spargel:
1–1 ¼ kg weißer Spargel
1 Prise Zucker
1 TL Butter

400 ml Wildfond
20 g Butter
1 TL Speisestärke
1 ¼ TL gem. Koriander

Zum Bestreuen:
1 EL klein geschnittene Petersilie oder Kerbel

1 Den Backofen bei Ober-/Unterhitze auf 95 °C vorheizen.

2 Das Rückenfilet mit Küchenpapier trocken tupfen, evtl. enthäuten, mit Salz und Pfeffer würzen. Das Olivenöl in einer Pfanne erhitzen. Das Filet darin 4–5 Minuten von allen Seiten anbraten, herausnehmen und in eine Auflaufform (gefettet) legen. Die Pfanne mit dem Bratensatz beiseitestellen.

3 Für die Kräuterhaube die Butter mit den Kräutern und Semmelbröseln verrühren. Die Kräuterbutter mit Salz und Pfeffer würzen und auf das Rückenfilet streichen.

4 Die Form auf dem Rost in den vorgeheizten Backofen schieben. Das Rückenfilet **etwa 50 Minuten garen.**

5 Für den Spargel in der Zwischenzeit den Spargel von oben nach unten schälen. Darauf achten, dass die Schalen vollständig entfernt, die Köpfe aber nicht verletzt werden. Die unteren Enden abschneiden (holzige Stellen vollkommen entfernen).

6 Den Spargel abspülen, abtropfen lassen und in etwa 3 cm lange Stücke schneiden.

7 Wasser mit Zucker und Butter in einem Topf zum Kochen bringen. Salz und die Spargelstücke hinzugeben, wieder zum Kochen bringen und zugedeckt etwa 8 Minuten garen.

8 In der Zwischenzeit den Wildfond in die beiseitegestellte Pfanne mit dem Bratensatz geben, unter Rühren zum Kochen bringen und in etwa 10 Minuten um etwa die Hälfte einkochen lassen.

9 Die gegarten Spargelstücke in einem Sieb abtropfen lassen.

10 Die Butter in einer Pfanne zerlassen. Die Spargelstücke darin anbraten, mit Salz und Pfeffer würzen und warm stellen.

11 Die Speisestärke mit etwas Wasser anrühren, in den Fond rühren und unter Rühren aufkochen lassen. Die Sauce mit Salz, Pfeffer und Koriander abschmecken.

12 Den Backofengrill auf etwa 200 °C vorheizen. Die Kräuterhaube des gegarten Rückenfilets 3–4 Minuten knusprig braun überbacken und anschließend etwa 5 Minuten ruhen lassen.

13 Das Maibockrückenfilet in Scheiben schneiden und mit den gebratenen Spargelstücken anrichten. Die Spargelstücke mit Petersilie oder Kerbel bestreuen und servieren.

Dazu passen:
In Butter geschwenkte kleine Frühkartoffeln

Tipp: Koriander würzt sehr intensiv. Dosieren Sie es vorsichtig.

Wildschweinrollbraten

8 Portionen | Pro Portion: E: **48** g, F: **38** g, Kh: **5** g, kJ: **2393**, kcal: **571**, BE: **0,5**

1 Wildschweinkeule
(ohne Knochen, etwa 1,6 kg)
2 Stangen Porree (Lauch)
2 Zwiebeln
Salz, gem. Pfeffer
300 g Thüringer Mett
(gewürztes Schweinemett)

4 EL Olivenöl
1 EL Tomatenmark
400 ml heiße Fleischbrühe
300 ml Rotwein
3 Salbeiblättchen
1 TL Rosmarinnadeln
1 TL gerebelter Zitronenthymian

1 EL Speisestärke
150 g Crème fraîche

Außerdem:
Küchengarn

1 Die Wildschweinkeule mit Küchenpapier trocken tupfen, evtl. enthäuten und entsehnen. Die Keule nach Belieben etwas aufschneiden, sodass eine größere Fläche für die Füllung entsteht.

2 Den Porree putzen, die Stangen längs halbieren, gründlich waschen, abtropfen lassen und in größere Stücke schneiden. Zwiebeln abziehen und fein würfeln.

3 Die Keule mit Salz und Pfeffer würzen, mit Mett bestreichen und 2–3 Porreestücke in die Mitte des Fleischstückes legen. Das Fleisch aufrollen und mit Küchengarn fest zusammenbinden.

4 Olivenöl in einem Bräter erhitzen. Den Rollbraten darin etwa 10 Minuten von allen Seiten anbraten. Zwiebelwürfel und restliche Porreestücke hinzufügen, kurz mit anbraten, Tomatenmark unterrühren. Brühe, Rotwein, abgespülte, trocken getupfte Salbeiblättchen, Rosmarin und Thymian hinzugeben. Die Zutaten aufkochen lassen.

5 Den Bräter auf dem Rost in den vorgeheizten Backofen (unteres Drittel) schieben. Den Rollbraten **etwa 5 Stunden garen,** dabei 2–3-mal wenden.

6 Den gegarten Wildschweinrollbraten aus dem Bräter nehmen und warm stellen. Den Bratenfond zum Kochen bringen, Salbeiblättchen entfernen. Den Bratenfond pürieren. Speisestärke mit etwas kaltem Wasser anrühren, in die Sauce rühren und unter Rühren aufkochen lassen. Crème fraîche unterrühren. Die Sauce mit Salz und Pfeffer abschmecken.

7 Den Wildschweinrollbraten (Küchengarn entfernen) in Scheiben schneiden und mit der Sauce servieren.

Lecker dazu:
Herzoginkartoffeln oder Kroketten

Tipp: Der Rotwein sollte eher trocken sein. Möchten Sie das Rezept ohne Rotwein zubereiten, können Sie ihn durch Fleischbrühe oder roten Traubensaft ersetzen.

Zubereitungszeit: **40 Minuten** | Garzeit: **15–20 Minuten**

Wildschweinsteaks mit Bohnen-Pfifferlings-Gemüse

4 Portionen | Pro Portion: E: **40** g, F: **32** g, Kh: **4** g, kJ: **1941**, kcal: **463**, BE: **0,0**

- 4 Wildschweinsteaks (je etwa 180 g)
- Salz
- gem. Pfeffer
- 2 EL Speiseöl
- 100 g geräucherter fetter Speck
- 2 Zwiebeln
- 500 g abgetropfte grüne Bohnen (aus der Dose)
- 1 TL gerebeltes Bohnenkraut
- 30 g Butter
- 110 g abgetropfte Pfifferlinge (aus der Dose)

1 Den Backofen bei Ober-/Unterhitze auf 95 °C vorheizen.

2 Einen großen feuerfesten Teller oder eine Auflaufform mit niedrigem Rand auf dem Rost (mittlere Schiene) miterwärmen.

3 Wildschweinsteaks mit Küchenpapier trocken tupfen, mit Salz und Pfeffer würzen. Das Öl in einer Pfanne erhitzen. Die Steaks darin von jeder Seite etwa 2 Minuten anbraten. Steaks herausnehmen und auf dem vorgewärmten Teller oder in der Auflaufform auf dem Rost in den vorgeheizten Backofen schieben. Das Fleisch **15–20 Minuten garen** (je nach Dicke der Steaks).

4 In der Zwischenzeit den Speck in kleine Würfel schneiden. Zwiebeln abziehen und ebenfalls fein würfeln.

5 Die Speckwürfel in einer Pfanne auslassen. Speckwürfel aus der Pfanne nehmen.

6 Die Bohnen in die Pfanne mit dem Bratfett geben. Bohnen im Bratfett erhitzen, mit Bohnenkraut, Salz und Pfeffer würzen. Bohnen aus der Pfanne nehmen, warm stellen.

7 Die Hälfte der Butter in der Pfanne zerlassen. Die Pfifferlinge darin anbraten. Pfifferlinge mit Salz und Pfeffer würzen, herausnehmen und ebenfalls warm stellen.

8 Restliche Butter in der Pfanne zerlassen, die Zwiebelwürfel darin glasig dünsten.

9 Die gegarten Wildschweinsteaks aus dem Backofen nehmen und mit dem Bohnen-Pfifferlings-Gemüse auf vorgewärmten Tellern anrichten. Die Zwiebelwürfel auf den Bohnen verteilen.

Lecker dazu:

Herzoginkartoffeln oder knusprige Bratkartoffeln

Tipp: Servieren Sie zu den Wildschweinsteaks feine Butterböhnchen. Dafür benötigen sie etwa 600 g frische, junge grüne Bohnen. Von den Bohnen die Enden abschneiden. Die Bohnen evtl. abfädeln, abspülen und abtropfen lassen. Bohnen in einen Topf geben. 150 ml Wasser und etwas Salz hinzugeben und die Zutaten zugedeckt zum Kochen bringen. Bei schwacher Hitze etwa 15 Minuten kochen lassen. Vor dem Servieren 1 Esslöffel Butter hinzugeben und unter vorsichtigem Rühren zerlassen. Butterbohnen mit Salz und Pfeffer abschmecken.

Wildschweinrücken mit Pastinakengemüse

4 Portionen | Pro Portion: E: **45** g, F: **53** g, Kh: **36** g, kJ: **3465**, kcal: **826**, BE: **3,0**

750 g Wildschweinrücken (ohne Knochen)
Salz
gem. Pfeffer
4 EL Speiseöl
2 Möhren

2 Eigelb (Größe M)
4 EL gehackte Haselnusskerne
4 EL Semmelbrösel

800 g Pastinaken
6 EL Wasser

40 g Butter

400 ml Wildfond
200 ml trockener Rotwein

60 g eiskalte Butter

1 Den Backofen bei Ober-/Unterhitze auf 95 °C vorheizen. Eine Auflaufform oder eine hitzebeständige Platte mit Rand auf dem Rost (unteres Drittel) miterwärmen.

2 Wildschweinrücken mit Küchenpapier trocken tupfen, evtl. enthäuten, mit Salz und Pfeffer würzen. Speiseöl in einer Pfanne erhitzen. Wildschweinrücken darin 5–6 Minuten von allen Seiten gut anbraten, herausnehmen und in die vorgewärmte Auflaufform oder auf die Platte legen. Den Wildschweinrücken **etwa 70 Minuten garen.**

3 Möhren putzen, schälen, abspülen, abtropfen lassen und in feine Würfel schneiden. Möhrenwürfel mit Eigelb, Haselnusskernen und Semmelbröseln vermischen, mit Salz und Pfeffer würzen.

4 Etwa 15 Minuten vor Ende der Garzeit des Wildschweinrückens die Pastinaken putzen. Pastinaken schälen, abspülen, abtropfen lassen und in dünne Scheiben schneiden. Die Pastinakenscheiben mit Wasser und Butter in einem Topf zum Kochen bringen und etwa 5 Minuten bei mittlerer Hitze kochen lassen, mit Salz abschmecken. Pastinakengemüse warm stellen.

5 Den Wildfond mit Rotwein in einem Topf zum Kochen bringen und etwas einkochen lassen.

6 Die Form oder Platte mit dem gegarten Wildschweinrücken aus dem Backofen nehmen. Den Backofengrill auf etwa 240 °C vorheizen. Die Möhren-Haselnuss-Masse auf den Wildschweinrücken streichen und fest andrücken. Die Form oder Platte wieder auf dem Rost unter den vorgeheizten Backofengrill schieben. Den Wildschweinrücken **5–10 Minuten goldgelb überbacken.**

7 Den Topf mit dem eingekochten Wild-Rotwein-Fond von der Kochstelle nehmen und die eiskalte Butter in Stücken unterschlagen (nicht mehr kochen lassen).

8 Den Wildschweinrücken in Scheiben schneiden, mit dem Pastinakengemüse und der Sauce servieren.

Lecker dazu:

Kroketten oder Petersilienkartoffeln

Tipp: Möchten Sie das Gericht ohne Alkohol zubereiten? Dann ersetzen Sie den Rotwein durch 175 ml Wildfond oder Fleischbrühe und geben Sie zusätzlich 2 Esslöffel rotes Johannisbeergelee unter Punkt 5 mit in die Sauce. So behält sie ihre schöne Farbe.

Zubereitungszeit: **60 Minuten** | Garzeit: **3–3½ Stunden**

Wildschwein-schichtbraten

4–6 Portionen | Pro Portion: E: **54** g, F: **45** g, Kh: **31** g, kJ: **3162**, kcal: **754**, BE: **2,5**

Zum Vorbereiten:
1 Bund Frühlingszwiebeln
2 Stängel Thymian
200 g getrocknete entsteinte Pflaumen
50 g Walnusskerne
50 g gewürfelter geräucherter, durchwachsener Speck
gem. Pfeffer

Für den Braten:
10–12 Scheiben luftgetrockneter roher Schinken (etwa 200 g)
1 kg Wildschweinbraten aus der Keule (in dünne Scheiben geschnitten, plattiert)
Salz, gem. Pfeffer
100 g Magerquark
25 g Butter
50 g Schlagsahne
330 ml Malzbier
30 g eiskalte Butter

Für die Form:
etwas Fett

1 Zum Vorbereiten Frühlingszwiebeln putzen, abspülen, abtropfen lassen und in feine Scheiben schneiden. Thymian abspülen, trocken tupfen und die Blättchen von den Stängeln zupfen. Pflaumen in kleine Würfel schneiden. Walnusskerne grob hacken.

2 Eine Pfanne erhitzen. Die Speckwürfel ohne zusätzliches Fett darin 3–4 Minuten anbraten. Die Frühlingszwiebeln hinzufügen und weitere 2–3 Minuten mitbraten. Mischung in eine Schüssel geben, mit Thymian, vorbereiteten Pflaumen und Nüssen mischen. Mit Pfeffer würzen, beiseitestellen.

3 Den Backofen bei Ober-/Unterhitze auf 200 °C vorheizen.

4 In der Zwischenzeit für den Braten eine Kastenform (25 cm, gefettet, unbeschichtet) mit den Schinkenscheiben auslegen. Dabei in der Mitte der Form beginnen und die Scheiben von innen nach außen legen. Die Schinkenscheiben sollen den Rand der Form überlappen, sodass die mit dem Schichtbraten gefüllte Form mit den überhängenden Schinkenscheiben zugedeckt werden kann.

5 Fleischscheiben kräftig mit Salz und Pfeffer würzen und dünn mit Quark bestreichen. Eine Lage Fleischscheiben in die Form legen (Quarkseite nach oben). Anschließend eine etwa 1 cm dicke Schicht der Speck-Zwiebel-Pflaumenmasse darauf verteilen. So fortfahren, bis die Zutaten aufgebraucht sind. Die oberste Schicht soll aus Fleischscheiben bestehen. Zum Schluss die Schinkenscheiben über die Fleischscheiben klappen und etwas andrücken. Die Butter in Flöckchen darauflegen.

6 Form auf dem Rost in den vorgeheizten Backofen schieben und etwa **20 Minuten garen.** Anschließend vorsichtig die Sahne auf den Braten gießen. Die Backofentemperatur auf Ober-/Unterhitze 95 °C reduzieren. Den Braten **weitere 2½–3 Stunden garen.**

7 Die Form mit dem Braten aus dem Backofen nehmen. Den Bratenfond vorsichtig durch ein Sieb aus der Form in einen kleinen Topf gießen. Dabei darauf achten, dass der Braten nicht aus der Form fällt. Dann den Braten auf eine Platte stürzen und warm stellen.

8 Bratenfond erhitzen, Malzbier unterrühren. Die Flüssigkeit bei mittlerer Hitze kochen lassen, bis sie sirupartig ist. Anschließend den Topf von der Kochstelle nehmen und die kalten Butterstückchen zügig unterrühren. Dabei die Sauce nicht mehr kochen lassen, mit Salz und Pfeffer abschmecken. Geschichteten Wildschweinbraten in Scheiben schneiden und mit der Sauce servieren.

Dazu schmecken: Klöße und zartes Wirsinggemüse

Ratgeber

Die in den Rezepten angegebenen Gartemperaturen sollen genau eingehalten und mithilfe eines Ofenthermometers überwacht werden. Die in den Rezepten angegebenen Garzeiten sind Richtwerte. Bitte beachten Sie bei der Einstellung des Herdes die Gebrauchsanweisung des Herstellers.

Geeignete Fleischstücke

Voraussetzung für einen guten Braten ist eine gute Fleischqualität, mikrobiologisch einwandfreies Fleisch, eine lückenlose Kühlung des Fleisches und natürlich eine hygienische Verarbeitung im Haushalt.

Plattieren

In einigen Rezepten, insbesondere bei den geschichteten Braten, werden die Fleischscheiben plattiert weiterverarbeitet. Das können Sie schon beim Metzger erledigen lassen. Möchten Sie das Fleisch selbst plattieren, geht das am besten mit einem Plattiereisen oder einem Fleischklopfer mit einer glatten Seite. Alternativ können Sie das Fleisch mit dem schweren Boden eines kleinen Stieltopfes plattieren. Achten Sie darauf, das Fleisch mit der Topfunterseite gleichmäßig platt zu klopfen. Ansonsten passiert es, dass die Kante des Topfes Löcher in das Fleisch klopft.

Würzen des Fleisches

Das Fleisch wird vor dem Anbraten gewürzt. Insbesondere die Schichtbraten sollten sehr kräftig gewürzt werden, da ein Teil der Würzung in die Füllung übergeht.

Vorbereitung und Anbraten der Fleischstücke

Je nach Fleischstück und Rezept sollten Sie die Schwarte und/oder die äußeren Fettschichten abschneiden. Nur wenn Sie einen Krustenbraten zubereiten möchten, können Sie die Schwarte am Fleischstück belassen, bedenken Sie jedoch, dass die Fettschicht die Garzeit erhöht. Außerdem werden die Fleischstücke bei Bedarf enthäutet bzw. entsehnt. Wichtig beim Niedertemperaturgaren von 95 °C ist das richtige Anbraten. Die Fleischstücke müssen rundherum in heißem Fett oder große Stücke, wie Geflügel im Ganzen, im Backofen angebraten werden. Dabei gerinnt das Eiweiß an der Fleischoberfläche und es bildet sich eine Kruste, die zum einen für ein gutes Bratenaroma verantwortlich ist und zum anderen dafür sorgt, dass der Fleischsaft im Inneren bleibt. So können die Bratenstücke nicht austrocknen. Gleichzeitig werden beim Anbraten evtl. vorhandene Keime auf der Fleischoberfläche vernichtet. Generell gilt: Kleinere, dünnere Fleischstücke brauchen eine kürzere Anbratzeit als größere, dickere.

Garzeiten und Kerntemperaturen

Ebenso wie die Anbratzeit richtet sich auch die Garzeit nach der Fleischdicke bzw. -größe. Je dicker und größer das Fleischstück, desto länger ist auch die Garzeit. Auch die Menge der zugegebenen Flüssigkeit beeinflusst die Garzeit. Geben Sie deshalb nur die in den Rezepten angegebene Flüssigkeitsmenge zum Braten. Zur Orientierung empfehlen wir Ihnen für größere Stücke die Angaben in der untenstehenden Tabelle. Beachten Sie bitte auch die in den Rezepten empfohlenen Garzeiten.

Garzeiten im Verhältnis zur Fleischdicke

Dicke des Fleischstückes in cm	Garzeit in Stunden
5–6	2 ½–3
7	4–5
10–12	etwa 6
15–17	6–7

Mithilfe eines Lebensmittelthermometers können Sie nach der empfohlenen Garzeit prüfen, ob Ihr Bratenstück fertig gegart ist. Diese Thermometer gibt es in verschiedenen Ausführungen. Preiswert sind analoge Einstechthermometer. Präzisere Messungen ermöglichen digitale Lebensmittelthermometer. Achten Sie darauf, das Thermometer nicht direkt an oder auf einen Knochen zu stecken, da die dort gemessene Temperatur zu ungenau ist.

Die Kerntemperatur des Bratens sollte, nach der von uns empfohlenen Garzeit, zwischen 70 und 80 °C betragen. Wird diese Temperatur noch nicht erreicht, muss der Braten im Backofen weiter garen. Wichtig ist die Einhaltung der erreichten Kerntemperaturen vor allem bei Geflügel im Ganzen. Hier kann es sein, dass es im Übergangsbereich zwischen Fleisch und Knochen noch nicht richtig durchgegart ist.

Servieren Sie den Braten immer auf vorgewärmtem Geschirr.

Die 95 °C-Methode eignet sich im Gegensatz zur 80 °C-Methode gut, um Geflügel im Ganzen sanft zu garen. Vorteil: Eine Überschreitung der Garzeit, weil die Beilagen noch nicht fertig sind oder sich die Gäste verspäten, führt nicht gleich zum Qualitätsverlust. Zum längeren Warmhalten empfiehlt es sich, die Backofentemperatur auf 60 °C zu reduzieren. Kleinere Braten können dann etwa 30 Minuten länger im Backofen bleiben, große Braten etwa 1–1 ½ Stunden. Die Sauce, die dazu gereicht wird, sollte heiß sein, damit der Braten nicht zu stark und schnell auskühlt.

Alphabetisches Register

B

Bäckerbraten 68
Brathähnchen 10
Burgunderbraten 82

E/F/G

Entenkeulen mit Ingwer-Möhren 32
Falsches Filet in dunkler Biersauce 70
Gefüllter Nackenbraten 54

H

Hackbraten mit Schafskäse 64
Hähnchenbrust mit Chili und Honig 12
Hähnchenfilets in Pilz-Marsala-Sauce 20
Hasenfilets mit Mairübchengemüse 100
Hirsch-Schichtbraten 92
Hirschrückenfilet mit Nusskruste 94

K

Kalbshaxe in Rotwein-Zwiebel-Sauce 42
Koteletts aus dem Backofen 56
Kräuterfilet, mit Frischkäse gefüllt 44
Krustenschichtbraten 58

L

Lammhackbraten auf dem Gemüsebett 96
Lammkeulenscheiben, orientalisch 104
Lammschulter mit Bohnen-Oliven-Gemüse 112

M

Maibockrückenfilet unter einer Kräuterhaube 114
Mariniertes Rindfleisch 88
Marsalahuhn mit Reis 18
Mufflonkarree mit Hagebuttensauce 102

O/P

Orientalische Lammkeulenscheiben 104
Osso Bucco 66
Perlhuhnröllchen mit glasierten Kartoffeln 24
Pute, gefüllt 30
Putenbrust mit Frühlingsgemüse 22
Putenbrust unter der Kartoffelhaube 14
Putenkeule 16

R

Rehkeulenbraten 106
Reindlbraten mal anders 46
Rinderbeinscheiben in Wermut 48
Rinderschichtbraten 50
Rindfleisch in Portwein 72
Roastbeef in Malzbier 60
Roastbeef mit Kräuter-Senf-Kruste 74
Rollbraten mit Hackfüllung 78

S

Schichtbraten „Marrakesch" 110
Schichtbraten „Asia-Style" 26
Schichtbraten vom Schweinerücken 84
Schweinebraten in Bier 80
Schweinebraten mit Kräuter-Senf-Hülle 76
Schweinefilet mit Kruste 86
Schweinefilet, mit Sojasauce mariniert 52
Schweinshaxen in Biersauce mit Jägerkohl 62
Straußenfilet in Wacholdersahne
mit Schwarzwurzelgemüse 34
Straußensteaks mit Pfeffersauce und Polenta 38

T/W/Z

Truthahnkeule in Altbiersauce 28
Türkisches Würzfleisch 108
Wildschweinkeule 98
Wildschweinrollbraten 116
Wildschweinrücken mit Pastinakengemüse 120
Wildschweinschichtbraten 122
Wildschweinsteaks mit Bohnen-Pfifferlings-Gemüse 118
Zigeunerhuhn mit Paprika 36

Allgemeine Hinweise

Abkürzungen

EL	=	Esslöffel
TL	=	Teelöffel
Msp.	=	Messerspitze
Pck.	=	Packung/Päckchen
g	=	Gramm
kg	=	Kilogramm
ml	=	Milliliter
l	=	Liter
evtl.	=	eventuell
geh.	=	gehäuft
gem.	=	gemahlen
ger.	=	gerieben
gestr.	=	gestrichen
TK	=	Tiefkühlprodukt
°C	=	Grad Celsius
Ø	=	Durchmesser

Kalorien-/ Nährwertangaben

E	=	Eiweiß
F	=	Fett
Kh	=	Kohlenhydrate
kJ	=	Kilojoule
kcal	=	Kilokalorien
BE	=	Broteinheiten

Bei den Nährwertangaben in den Rezepten handelt es sich um auf- bzw. abgerundete Werte. Lediglich die Broteinheiten werden mit einer Stelle nach dem Komma ausgewiesen. Aufgrund von ständigen Rohstoffschwankungen und/oder Rezepturveränderungen bei Lebensmitteln kann es zu Abweichungen kommen. Die Nährwertangaben dienen daher lediglich Ihrer Orientierung und eignen sich nur bedingt für die Berechnung eines Diätplans, zum Beispiel bei Krankheiten wie Diabetes. Bei krankheitsbedingten Diäten richten Sie sich daher bitte nach den Anweisungen Ihres Diätassistenten bzw. Ihres Arztes.

Allgemeine Hinweise zu den Rezepten

Lesen Sie bitte vor der Zubereitung – besser noch vor dem Einkaufen – das Rezept einmal vollständig durch. Oft werden Arbeitsabläufe oder -zusammenhänge dann klarer.

Zutatenliste und Arbeitsschritte

Die Zutaten sind in der Reihenfolge ihrer Verarbeitung aufgeführt. Die Arbeitsschritte sind einzeln hervorgehoben, in der Reihenfolge, in der wir sie ausprobiert haben.

Zubereitungszeiten

Die Zubereitungszeit ist ein Anhaltswert für die Dauer der Vorbereitung und die eigentliche Zubereitung. Sie variiert je nach Geschick und Übung. Längere Wartezeiten wie Kühl- oder Abkühlzeiten, Auftau- und Durchziehzeiten sind, sofern parallel keine weitere Tätigkeit erfolgt, nicht in der Zubereitungszeit enthalten. Garzeiten werden meist gesondert ausgewiesen.

Backofeneinstellung und -überwachung

Meist wird die Backofentemperatur bereits vor dem Anbraten des Fleisches – in einem Bräter – auf Ober-/Unterhitze 95 °C eingestellt damit beim Einschieben des Bräters die richtige Temperatur erreicht ist. Eine Ausnahme sind große Bratenstücke, wie Geflügel im Ganzen. Diese werden je nach Rezept bereits im Backofen bei einer höheren Temperatur angebraten und dann wird die Backofentemperatur auf Ober-/Unterhitze 95 °C heruntergeschaltet. **Beim Garen mit der 95 °C-Methode wird der Bräter nicht mit einem Deckel zugedeckt.** Auch wenn sich moderne Backöfen sehr genau einstellen lassen, können auch diese Geräte Schwankungen unterliegen. **Wir empfehlen deshalb, die Temperatur des Backofens mit einem Ofenthermometer zu kontrollieren und wenn nötig nachzuregeln.** Schwierig ist in der Regel die Temperatureinstellung und -einhaltung bei Gasbacköfen. In diesem Fall sollten Sie mithilfe eines Ofenthermometers prüfen, ob Ihr Backofen die erforderliche Temperatur halten kann.

Einschubhöhen

Die Bräter, Pfannen oder Formen werden auf dem Rost auf der mittleren Einschubleiste in den Backofen geschoben. Ausnahmen davon sind im jeweiligen Rezept angegeben. Abweichungen sind möglich und von der Ausführung des Backofens abhängig. Beachten Sie daher die Angaben des Herstellers.

Unser Ratgeber- und Servicetelefon

Wünsche und Anregungen sind uns willkommen! Haben Sie Fragen? Benötigen Sie Hilfe bei der Zubereitung der Rezepte oder möchten Sie uns etwas mitteilen? Die Mitarbeiter des Dr. Oetker Verlages und des Verbraucherservices der Dr. Oetker Versuchsküche beantworten Ihre Fragen gern.

Versuchsküche: Tel. 0 08 00 71 72 73 74
Mo.–Fr. 8:00–18:00 Uhr
(gebührenfrei in Deutschland)

Dr. Oetker Verlag: Tel. +49 (0) 521 5206 42
Mo.–Fr. 9:00–15:00 Uhr

Dr. Oetker Verlag KG, Am Bach 11, 33602 Bielefeld, www.oetker-verlag.de
www.facebook.com/Dr. OetkerVerlag www.oetker.de

Umwelthinweis Dieses Buch und der Einband wurden auf FSC®-zertifiziertem, chlorfrei gebleichtem Papier gedruckt.
Die Einschrumpffolie – zum Schutz vor Verschmutzung – ist aus umweltfreundlichem und recyclingfähigem PE-Material.

FSC www.fsc.org MIX Papier aus verantwortungsvollen Quellen FSC® C004592

Redaktion Carola Hülshoff, Carola Reich, Annette Riesenberg

Texte und Ratgeber Klaus Schäfer, Bonn

Titelfoto Thomas Diercks, Hamburg

Innenfotos Fotostudio Diercks, Thomas Diercks, Kai Boxhammer, Christiane Krüger, Hamburg (S. 11, 17, 19, 21, 43, 45, 55, 57, 65, 67, 75, 79, 89, 101, 103, 109, 115)
Eising Studio Food Photo & Video, München (S. 124/125)
Ulli Hartmann, Halle/Westf. (S. 13, 33)
Janne Peters, Hamburg (S. 81)
Antje Plewinski, Berlin (S. 35, 53, 61, 77, 83, 97, 107, 113)
Hans-Joachim Schmidt, Hamburg (S. 29, 31, 37, 69, 73, 87, 99)
Axel Struwe, Bielefeld (S. 4/5, 8/9, 15, 23, 27, 39, 40/41, 47, 49, 51, 59, 63, 71, 85, 90/91, 93, 95, 105, 111, 117, 119, 123)
Brigitte Wegner, Bielefeld (S. 25, 121)

Rezeptentwicklung und-beratung Olaf Brummel, Bielefeld

Nährwertberechnungen Nutri Service, Hennef

Titelgestaltung küstenwerber, Hamburg
Grafisches Konzept küstenwerber, Hamburg
Gestaltung und Satz MDH Haselhorst, Bielefeld
Reproduktionen Longo AG, Bozen, Italien
Druck und Bindung Firmengruppe APPL, aprinta druck, Wemding

ISBN: 978-3-7670-0666-9